Caritas Pirckheimer

kleine bayerische biografien

herausgegeben von
Thomas Götz

ANNE BEZZEL

Caritas Pirckheimer

Äbtissin und Humanistin

Verlag Friedrich Pustet
Regensburg

Biografien machen Vergangenheit lebendig: Keine andere literarische Gattung verbindet so anschaulich den Menschen mit seiner Zeit, das Besondere mit dem Allgemeinen, das Bedingte mit dem Bedingendem. So ist Lesen Lernen und Vergnügen zugleich.
Dafür sind gut 100 Seiten genug – also ein Wochenende, eine längere Bahnfahrt, zwei Nachmittage im Café. Wobei klein nicht leichtgewichtig heißt: Die Autoren sind Fachleute, die wissenschaftlich Fundiertes auch für den verständlich machen, der zwar allgemein interessiert, aber nicht speziell vorgebildet ist.
Bayern ist von nahezu einzigartiger Vielfalt: Seinen großen Geschichtslandschaften Altbayern, Franken und Schwaben eignen unverwechselbares Profil und historische Tiefenschärfe. Sie prägten ihre Menschen – und wurden geprägt durch die Männer und Frauen, um die es hier geht: Herrscher und Gelehrte, Politiker und Künstler, Geistliche und Unternehmer – und andere mehr.
Das wollen die KLEINEN BAYERISCHEN BIOGRAFIEN: Bekannte Personen neu beleuchten, die unbekannten (wieder) entdecken – und alle zur Diskussion um eine zeitgemäße regionale Identität im Jahrhundert fortschreitender Globalisierung stellen. Eine Aufgabe mit Zukunft.

DR. THOMAS GÖTZ, Herausgeber der Buchreihe, geboren 1965, lehrt Neuere und Neueste Geschichte an der Universität Regensburg. Veröffentlichungen zu Stadt und Bürgertum in der Neuzeit.

Inhalt

Magna parti animae meae

Prolog: »Aber die Liebe ist die größte unter ihnen ...«

Pfingsten 1479: Die angesehene Nürnberger Patrizierfamilie Pirckheimer, gerade ansässig in Eichstätt, übergibt ihre zwölfjährige Tochter Barbara dem Klarakloster zu Nürnberg. Wenige Jahre später nimmt Barbara Pirckheimer den Schleier. Und sie gibt sich einen neuen Namen: Caritas, Liebe. Ein Name als Programm. Ein Name, dessen Anspruch Caritas Pirckheimer immer wieder neu gerecht zu werden versucht hat. Ein Name, der wie eine Überschrift über ihrem Leben zu stehen scheint.

Wer sich mit der Biografie Caritas Pirckheimers befasst, wird der Liebe immer wieder begegnen – wie einem musikalischen Leitmotiv. Schon in den schriftlichen Zeugnissen der jungen Ordensfrau begegnet man dem Primat der Liebe, den sie eindringlich und selbstbewusst vertritt. So scheut sie sich nicht, dem weltgewandten, hochgebildeten Dichterfürsten Conrad Celtis ins Gewissen zu reden: Wissen ohne Liebe sei mehr zu tadeln als zu loben. Liebe erbaue, Wissenschaft blähe auf. Der Aussage in einem Brief des Nürnberger Probstes Sixtus Tucher, ihres vertrauten Freundes und geistigen Weggefährten, kann Caritas hingegen aus ganzem Herzen zustimmen: Allein die Liebe – *»sunder allein die lieb«* – ermögliche ein wahrhaft *»geistlich leben«*.

Allein die Liebe zu Gott erkennt sie als das Fundament eines wahren Glaubens an – nicht etwa die Klostergelübde, wenngleich sie sich diesen in bewusster Entscheidung bleibend verpflichtet fühlt.

In ihren letzten Lebensjahren, die in die Umbruchszeit der reformatorischen Bewegung fallen, konfrontiert und überrascht die altgläubige Äbtissin ihre evangelischen Gesprächspartner mit dieser Grundüberzeugung: Sowohl dem Nürnberger Prediger Wenzeslaus Linck als auch dem Wittenberger Reformator Philipp Melanchthon gegenüber stellt sie die Liebe ins Zentrum, wobei sie hinzufügt, dass sie und ihr Konvent ihren *»grunt auf die gnad gotes und nit auf unser aygne werck seczten«*.

Posthumes Medaillon der Caritas Pirckheimer. – Kupferstich, 17. Jh. Bildunterschrift: Caritas Pirck=heimerin/ AEptissin in st=Claren Closter/in Nürnberg. Obijit 1532

So sehr Caritas die Liebe als Richtschnur ihres Lebens betrachtet, so sehr zweifelt sie immer wieder an ihrer Kraft, jenes Ideal zu verwirklichen: Nur dem Namen, nicht der Sache nach – *»quam tamen (…) solum nomine et non re porto«* – sei sie selbst verbunden mit jener hochgelobten *caritas*.

Diesem Selbstzweifel zum Trotz wird die Vorsteherin der Nürnberger Klarissen von den Menschen, mit denen sie tagtäglich verkehrt, für ihre liebevolle, zugewandte Persönlichkeit geschätzt und verehrt. Sixtus Tucher, der aus erster Hand über Caritas' Umgang mit den ihr anvertrauten Schwestern unterrichtet ist, lobt sie dafür, dass ein *»milterer prunnen der lieb gegen deinen schwestern aus dir entspring …«*

Wäre Caritas Pirckheimer nicht mehr gewesen als dies – eine verständnisvolle und zugleich in ihrem geistigen Anspruch vorbildliche Äbtissin –, es wäre fraglich, ob sie der

Nachwelt in Erinnerung geblieben wäre. Doch ihre beispiellose Verbindung mit den führenden Köpfen des Humanismus ihrer Zeit – etwa mit Albrecht Dürer, Conrad Celtis, Erasmus von Rotterdam und natürlich ihrem Bruder Willibald – sowie ihre erstaunliche Haltung in den Umbrüchen der Reformationszeit, die in unmittelbarer Weise auch ihr Kloster erfassen sollten, machen sie zu einer Persönlichkeit, die bis heute nichts von ihrer Ausstrahlung verloren hat.

Wir wissen nicht, wie Caritas Pirckheimer ausgesehen hat – wer hätte auch eine Klosterschwester in strenger Klausur porträtieren können? Auch das Bildnis auf dem Umschlag dieses Buches, im Stile Albrecht Dürers gemalt, zeigt nicht Caritas Pirckheimer; vielmehr stellt es eine Art »Pasticcio« aus den Bildnissen ihres Bruders Willibald und Dürers Frau Agnes dar. Als weiteren Versuch, sich dem Antlitz Caritas' zu nähern, gilt der posthum angefertigte Kupferstich in Form eines Medaillons aus dem 17. Jahrhundert, der Caritas betend und in der Tracht ihres Ordens ähnlich wie die Stifterfiguren auf Bildnissen des 15. und 16. Jahrhunderts darstellt.

Caritas' Aussehen ist also nicht überliefert – und dennoch hat ein lebendiges Bild jener Nürnberger Äbtissin die Jahrhunderte überdauert, das sich zusammenfügt aus ihren Worten, die bis heute bestechen durch ihre Klugheit, ihre Klarheit, ihren Witz und durch ihr Bekenntnis zur Liebe.

1 Elternhaus und Kindertage

VOM DONAURIED INS NEUE ZENTRUM DES REICHES

Die Wurzeln der Familie Pirckheimer liegen wohl im Donauried, in dem Gebiet um Lauingen. Gut 100 Jahre vor Caritas' Geburt, im Jahr 1359, findet sich in den Einbürgerungsurkunden Nürnbergs der Name ihres Ururgroßvaters, Hans I. Pirckheimer. Dieser nennt im Umkreis der Noris bereits zahlreiche Lehn- und Eigengüter sein eigen, als er den Sprung nach Nürnberg, in das neue Zentrum des Reiches, wagt. In Kooperation mit den Familien Imhoff und Gundelfing gelingt der Patrizierfamilie rasch der Aufbau eines Handelsimperiums, das Eisenerze, Samt, Brokat und Seide vertreibt. Ihre Beziehungen reichen bis nach Italien. Man zählt zum erlesenen Kreis deutscher Kaufleute in Venedig. Aber nicht allein auf dem Gebiet der Ökonomie, auch im Bereich der Bildung sind Caritas' Ahnväter der damals führenden europäischen Großmacht Italien eng verbunden: Ihr Großvater Hans hatte in Perugia, Bologna und Padua studiert, ihr Großonkel Thomas in Bologna, Pavia und Padua. Auch als die wirtschaftliche Potenz der Familie längst ihren Zenit überschritten hat, bleibt ihre Bedeutsamkeit als Protagonisten der geistigen Elite bestehen.

Das Stammhaus der Familie, erworben von Hans II. Pirckheimer (gest. 1400), am Nürnberger Hauptmarkt gegenüber dem schönen Brunnen gelegen, sollte später in den Besitz Wilibalds, Caritas' Bruder, übergehen und bis zu dessen Tod ein wichtiges Zentrum des Humanismus darstellen.

Im Zuge der im ausgehenden Mittelalter zunehmenden Globalisierung des Handels sind es jene Vernetzungen ins Ausland, die als Barometer des Erfolgs gelten und letztlich über das Geschick eines Handelsunternehmens entscheiden.

Der hohe Stellenwert, den die Familie Pirckheimer einer breit angelegten, nicht allein zweckgerichteten Bildung zuschreibt, ist hierbei bemerkenswert und sicher ein weiterer Faktor für ihr Renommee. Selbstbewusst und weltgewandt versteht man es, sich auch auf internationalem Parkett zu bewegen.

Patrizierfamilien – die Elite Nürnbergs
Wirtschaftliche Stärke und gesellschaftliches Ansehen standen in Nürnberg stets in einem engen Zusammenhang. Nach antikem Vorbild nannten sich die aufstrebenden Familien der Reichstadt »Patrizier«. Nur sie waren berechtigt, im Kleineren / Inneren Rat einen Sitz einzunehmen und galten als rats- und gerichtsfähig. Eben jene Ratsfähigkeit war jedoch mit der materiellen Stärke einer Familie verbunden: So wie der Zugewinn an Wirtschaftskraft bis ins frühe 16. Jahrhundert den Weg ins Patriziat öffnete, so konnte der Verlust derselben auch zum Verlust der Ratsfähigkeit führen. Als das sogenannte Tanzstatut aus dem Jahr 1521 festlegte, welche Geschlechter zum Tanz auf das Rathaus geladen werden dürfen, verfestigte sich das Machtgefüge des Patriziates. Bis auf eine kurze Episode im Jahre 1348, als ein Handwerkeraufstand die Patrizier aus dem Rat vertrieben hatte, lag die politische Macht eindeutig wieder in patrizischer Hand. Berühmte Namen waren etwa die Geschlechter der Tucher, Tetzel, Stromer, Muffel, Nützel, Haller, Ebner und Pirckheimer. Der zunehmende Konkurrenzdruck zwischen den Familien, der eigentlich durch eine ausgeklügelte Heiratspolitik vermieden werden sollte, und die zwischen einzelnen Familien bestehenden Spannungen, stellten die Reichsstadt immer wieder vor die Herausforderung, das Gleichgewicht der Kräfte zu wahren.

EICHSTÄTT UND MÜNCHEN – IN DEN DIENSTEN VON BISCHÖFEN UND HERZÖGEN

Als Caritas Pirckheimer am 21. März 1467, am Tag des heiligen Benedikt, als ältestes Kind des Dr. Hans Pirckheimer und seiner Frau Barbara, geb. Löffelholz, zur Welt kommt, befindet sich die Familie nicht in Nürnberg. Dass der Vater Hans nach seinem Studium in Italien und dem Erwerb des Doktorgrades in Padua 1465 nicht in den Dienst seiner Vaterstadt getreten war, hat einen uns Heutigen seltsam anmutenden Grund: Eben der Besitz der Doktorwürde verwehrte damals den Zugang zu

Johannes Pirckheimer, um 1501

einem Sitz im Nürnberger Rat. Dies sollte den Vater später dazu bewegen, seinem Sohn Willibald von einer Dissertation abzuraten.

Hans Pirckheimer hatte in Eichstätt als Berater Bischof Wilhelms von Reichenau, einem ehemaligen Studienkollegen in Padua, ein angemessenes Auskommen gefunden. Dies ermöglicht ihm 1466 die Ehe mit der Nürnberger Patriziertochter Barbara Löffelholz einzugehen. Dass diesem Schritt einige Schwierigkeiten vorausgegangen waren, verrät ein Zeugnis aus einer Sammlung von Rechtsgutachten jener Zeit: Barbara Löffelholz wird darin angeklagt, sie habe während Hans Pirckheimers Italienaufenthalt einem anderen Nürnberger Patrizier die Ehe versprochen: Sigmund Stromer von der Rosen.

Die Angeklagte muss eingestehen, nicht nur entsprechende Äußerungen getätigt und Geschenke angenommen zu haben, sondern auch sechs Nächte mit dem Kläger verbracht zu haben. Alle eingeholten deutschen Gutachten bestätigen Sigmund

Stromers Klage. Hans Pirckheimer bittet daher seine italienischen Professoren um eine Stellungnahme zu seinen Gunsten. Die italienische Parteinahme für Pirckheimer, die der Nachwelt jedoch nicht erhalten ist, gibt schließlich den Ausschlag – im abschließenden Urteil des Bamberger Gerichtes wird Barbara Löffelhoz freigesprochen. Ihrer Vermählung mit Hans Pirckheimer steht nun nichts mehr im Wege.

Zwölf Kinder gehen aus dieser Ehe hervor: Nach Barbara, der Erstgeborenen, folgen in kurzen Abständen Walburga (geb. 1468), Felicitas (1469), Willibald (1470), eine weitere Felicitas (1472), Sebald (1475), Katharina (1476), Juliana (1479), Klara (1481), Sabina (1482), Eufemia (1486) und ein namenloser Sohn, dessen Geburts- und Todesdatum nicht bekannt sind. Die Eltern Pirckheimer verlieren drei ihrer zwölf Kinder – die ältere Felicitas, Sebald und ihren letztgeborenen Sohn. Die Mutter Barbara sollte die letzte Entbindung nicht lange überleben: Sie stirbt bereits 1488.

Barbara, die älteste, ist acht Jahre alt, als die Familie 1475 nach München übersiedelt. Der Vater versieht nun eine doppelte Aufgabe: Er ist Rat des Herzogs Albrecht von Bayern und zugleich des Erzherzogs Sigmund von Österreich – ein Umstand, der ihn zum Pendeln zwischen München und Innsbruck nötigt.

GROSSTANTE KATHARINA ALS LEHRMEISTERIN

Trotz der zahlreichen Reisen, die sich durch die berufliche Situation des Vaters ergeben, legt die Familie großen Wert auf eine gründliche Bildung und Erziehung der Kinder. Schon der Großvater Hans (gest. 1492) hatte seine Studienjahre in Italien zum Aufbau einer großen Sammlung antiker Autoren genutzt. Auch sein gleichnamiger Sohn, Barbaras Vater, übernimmt diese Begeisterung für das, was wir heute als Humanismus bezeichnen, und vermittelt sie seinen Kindern. Dabei erkennt er auch seinen Töchtern das Recht auf Bildung zu. Diese Wahrnehmung, dieses Ernstnehmen der Mädchen als bildungsfähige Wesen ist in der Frühen Neuzeit alles andere als eine Selbstverständlichkeit.

Auch wenn über die kleine Barbara vor ihrem Eintritt ins Nürnberger Klarakloster nicht viel bekannt ist, spricht einiges dafür, dass sie ihre Eltern und die jüngeren Geschwister nicht nach München begleitet, sondern vielleicht schon ab ihrem siebten Lebensjahr im Haus ihres Großvaters Hans in Nürnberg aufgenommen wird. Dort lebt auch eine unverheiratete Schwester des Großvaters, Katharina Pirckheimer. Jene Großtante muss bis zu ihrem Tod 1484 neben dem Großvater Hans als die wichtigste Lehrerin und Tutorin Barbaras gewirkt haben.

Dass Katharina – und nicht etwa ihr Bruder – die naturwissenschaftlich ausgerichtete Bibliothek des Vaters vererbt bekommen hatte, ist zum einen beredtes Zeugnis für ihre Gelehrsamkeit. Zum anderen ist es ein weiterer Beleg für den humanistischen Geist der Familie Pirckheimer. Eine Briefpassage des Willibald Pirckheimer aus dem Jahr 1513 an seine geliebte ältere Schwester Barbara bezeugt die Fähigkeit der Familie, ihre weiblichen Mitglieder als intellektuell gleichwertig wahrzunehmen: *»Denn um das männliche Geschlecht … zu übergehen, was sah die Stadt Gebildeteres, Gelehrteres und Vollkommeneres als unsere Großtante, die Du bei Deinen glücklichen Anlagen so trefflich wiedergibst, daß man an der Schülerin das Bild der Meisterin erkennen kann. In manchem überragst Du sie, was jedoch mehr ihr zum Lob als Dir zu gereichen scheint.«*

2 Aus Barbara wird Caritas: Der Eintritt ins Klarakloster

EIN ABSCHIED FÜR IMMER

Als Barbara in der Pfingstwoche 1479 im Alter von zwölf Jahren in den Konvent der heiligen Klara in Nürnberg eintritt, ist dies angesichts ihres Lerneifers und ihrer Begabung ein aus damaliger Perspektive folgerichtiger Schritt.

Was dem jungen Mädchen im Schutzraum ihrer Familie ermöglicht worden war – Zugang zu einem fundierten klassischen Bildungskanon –, kann allein im Rahmen einer klösterlichen Schulbildung fortgesetzt werden. Die vier Lateinschulen der Stadt stehen nur den Patriziersöhnen offen.

Wenn ihr das »falsche« Geschlecht die Möglichkeit einer *städtischen* Bildung versagt hatte, so wird ihr nun beinahe auch der Weg der *klösterlichen* Bildung versperrt. Ursache dafür ist Barbaras Geburtsort: Wenngleich sich die Pirckheimer als Nürnberger verstehen, wenngleich Barbara seit einigen Jahren beim Nürnberger Großvater am Hauptmarkt lebt – ihr Geburtsort ist Eichstätt. Von Rechts wegen, nach dem Willen des Rates und der von Papst Sixtus IV. 1476 erlassenen Bulle dürfen jedoch nur Nürnberger Bürgerinnen als Chorschwestern aufgenommen werden.

Was aber ist eine Nürnberger Bürgerin? Im Zuge einer Streitigkeit aus dem Jahr 1482 wird festgesetzt, dass dieser Status zwingend und ausschließlich an die Geburt *(indigene)* gekoppelt ist. Eine spätere Einbürgerung wird als Option ausgeschlossen. Noch im März des Jahres 1479, wenige Wochen vor Barbaras Aufnahme, wird der gesamte Konvent von einer Delegation des Rates an das Gesichtsfenster des Klosters beordert. Dort verliest man die päpstliche Bulle. Jede einzelne Schwester wird unter Anwesenheit eines Notars namentlich aufgerufen und muss durch Kopfnicken zu verstehen geben, dass sie die Weisung des Papstes zur Kenntnis genommen hat: Nicht-Nürnbergerinnen ist der Eintritt zu verwehren!

Stadtansicht Nürnbergs nach Hartmann Schedels Weltchronik von 1493

Erst sieben Jahre später, im Jahr 1486, kann der Konvent bei Innozenz VIII. eine Aufhebung der Aufnahmebeschränkung erwirken – nicht nur in Nürnberg geborene, sondern auch in der Stadt ansässige Frauen dürfen nun aufgenommen werden. Was im Fall der »Eichstätterin« Barbara Pirckheimer geholfen haben mag, die strenge päpstliche Bestimmung zu umgehen, ist nicht bekannt. Ob die Nürnberger Wurzeln der Familie, ihr Ansehen oder der Einfluss des Großvaters eine Rolle gespielt haben?

Bald schon zeigt sich, dass die Äbtissin Margarete Grundherr mit Barbara eine Schülerin gewonnen hat, die in hervorragender Weise auf das vorbereitet ist, was das Leben im vom Geist des Frühhumanismus geprägten Klarakloster ausmacht: die Einübung in eine ernsthaft gelebte Frömmigkeit, der Unterricht in der Heiligen Schrift, den Schriften der Kirchenväter, der antiken Autoren und nicht zuletzt – als Voraussetzung und Handwerkszeug – das Erlernen der lateinischen Sprache.

CARITAS ALS NOVIZIN UND JUNGE NONNE

Der Lerneifer und die Wissbegierde der jungen Klosterschülerin müssen beeindruckend gewesen sein. Die in ihr seit Kindertagen geweckte Liebe zum Wissenserwerb und der fundierte Unterricht durch die gelehrte Großtante machen es ihr offenbar leicht, sich den Anforderungen der Klosterschule zu stellen. Vor allem auf dem Gebiet der lateinischen Sprache übertrifft sie ihre Altersgenossinnen weit. Wie aus einer kurzen Briefnotiz der Äbtissin Margarete Grundherr an Caritas' Onkel, den Kartäuserprior Georg Pirckheimer, aus dem Jahr 1481 hervorgeht, verblüfft sie durch ihre Fähigkeiten sogar den Generalvikar der Observanten: »*... vnd wie sie mit im vnd er mit ir in latein redet vnd in verstin küntt, das gefiel dem vatter so woll, das es wünder was zw horen.*«

In welchem Jahr die junge Barbara Pirckheimer die Entscheidung für ein Leben nach den Gelübden der heiligen Klara getroffen hat, ist ungewiss. Manche vermuten, sie habe 1483, mit 16 Jahren, den Schleier genommen. Dies wäre nach klösterlichem Recht der frühstmögliche Zeitpunkt – denn die Entscheidung zur Profess durfte erst dann getroffen werden, wenn das heiratsfähige Alter, 16 Jahre, erreicht war. Andere halten das Jahr 1485 dennoch für den wahrscheinlicheren Zeitpunkt ihrer Profess, da sich etwa ab diesem Zeitraum die ersten Zeugnisse des neuen Namens finden, den die junge Klarissin sich als Ordensnamen erkoren hat.

Klara (Chiara) von Assisi

Um 1193/4 in Assisi als Tochter des Adeligen Favarone von Offreduccio und dessen Ehefrau Ortolana geboren, begegnete die knapp Zwanzigjährige Franz von Assisi. Fasziniert von seiner radikalen Nachfolge Christi floh sie in der Nacht vom 18. auf den 19. März 1212 aus ihrem Elternhaus. Gegen den Willen ihrer Familie ließ sie sich in Portiunkula mit einem Bußgewand einkleiden und lebte schließlich in San Damiano in klösterlicher Klausur, bald schon umgeben von einer ständig wachsenden Gemeinschaft von Frauen, die wie Klara eine den Franziskanern ähnliche Ordensgemeinschaft anstrebten und die Ideale des Dienens und der Armut verwirklichen wollten. Ab 1215 übernahm Klara von Assisi das Amt einer Äbtissin für den kleinen Orden, der sich an einer von Franziskus verfassten *formula vitae* orientierte. In dieser nicht erhaltenen Regel trat Franz zu weit gehenden Askesepraktiken der Klara von Assisi entgegen. Diese *formula vitae* blieb für Klara die maßgebliche Richtschnur auch nach Erhalt päpstlicher Verfügungen und Zugeständnisse, wie etwa dem 1228 erteilten »Privileg der Armut«. Im Zentrum ihrer Theologie, die sich vor allem in ihren Briefen an Agnes von Prag ablesen lässt, stand die Verehrung Christi als Bräutigam, als Kind in der Krippe und als leidendem Gottessohn am Kreuz. 1247 entwarf Klara eine eigene Ordensregel in enger Anlehnung an die franziskanische Ordensregel. Für deren Bestätigung durch den Papst musste sie über viele Jahre kämpfen. Am 9. August 1253, zwei Tage vor ihrem Tod, erhielt sie schließlich die Regalapprobation durch Innozenz IV.

Bereits zwei Jahre nach ihrem Tod wurde Klara durch Papst Alexander IV. heiliggesprochen. Im katholischen Heiligenkalender wird heute ihrer am 11. August gedacht. Ihre Gebeine wurden 1260 in die zu ihrem Andenken errichtete Kirche Santa Chiara zu Assisi überführt.

KLOSTERALLTAG IN ST. KLARA

Die wirtschaftliche Basis des Nürnberger Klaraklosters stellten die durch Schenkungen erhaltenen Liegenschaften dar. Diese lieferten durch Naturalienabgaben die tägliche Lebensgrundlage für die im Kloster lebenden Schwestern und die durch sie versorgten Pfründner. Als weitere Lebensmittelquelle diente der direkt an den Konvent angrenzende Klostergarten. Die durch die Erbpacht erwirtschafteten finanziellen Einnahmen wurden als sogenanntes Ewiggeld angelegt oder in den Erwerb neuer Grundstücke investiert. All jene finanziellen Belange oblagen dem Klosterpfleger, der die Schwestern auch in rechtlichen Angelegenheiten nach außen hin vertrat.

Klarakloster in Nürnberg von Westen. – Federzeichnung, nach 1618

Im Kloster lebten zwei Gruppierungen: die Chorschwestern oder Professen und die Laienschwestern oder Servitialen. Die Chorschwestern, die nach einjährigem Noviziat nach Erreichen des heiratsfähigen Alters die Profess ablegten, waren den Klostergelübden der Armut, Keuschheit und des Gehorsams sowie der strengen Klausur unterworfen. Einen großen Teil des Tages verbrachten sie in Schweigen, widmeten sich neben dem Beten und Singen der acht Horen auch der Handarbeit in der Spinnstube und am Webrahmen, dem Kopieren und Neuerstellen von Handschriften, dem Studium der Bibel und der Schriften der Kirchenväter. (Zahlreiche der im Skriptorium des Klosters erstellten Handschriften waren mit kolorierten Holzschnitten oder eigenhändigen Federzeichnungen geschmückt.)

Die andere Gruppe, die Laienschwestern, trat meist erst im Erwachsenenalter in den Konvent ein. Die strengen Klausurvorschriften galten für sie nicht, auch waren sie in der Regel nicht zum Singen der Tagzeitgebete verpflichtet. Sie verrichteten die schweren und groben Arbeiten in der Küche, im Brauhaus, in den Stallungen und Vorratsscheunen des Klosters sowie im klostereigenen Garten. Auf Grund ihrer körperlich

Braunscher Prospekt von 1608, Ansicht des Klaraklosters

anstrengenden Tätigkeit waren sie von strengen Fastenvorschriften befreit.

Die Chorschwestern von St. Klara führten ein äußert schlichtes und genügsames Leben: Man schlief gemeinsam in einem großen Schlafsaal. Eigene Nachtgewänder gab es nicht – die Nonnen legten sich *»gegürtet und in ir gewande«* auf Säcke, die mit Spreu gefüllt waren. Kranke Schwestern versorgte man im Siechenhaus des Klosters; ihnen standen ein angemessenes

Krankenlager und kräftigende Speise, sogar der Genuss von Fleisch warmblütiger Tiere, zu.

Jenes Leben in Armut, Keuschheit und Gehorsam, dem sich die junge Caritas durch die Profess verschreibt, ist nicht allein durch eine strenge Frömmigkeitspraxis geprägt. Vielmehr steht es auch unter dem Vorzeichen einer freiheitlichen, aufgeschlossenen Grundhaltung zu den Wissenschaften, die auch von den Franziskanern, den Seelsorgern des Konvents, mitgetragen wird.

Caritas' Hinwendung zum Humanismus wird also im Kloster nicht nur geduldet, sondern gefördert. Unter Anleitung eines Franziskaners – unklar ist, ob es sich dabei um den Ordenschronisten Nikolaus Glasberger oder den Amberger Guardian Ulrich Kremser handelt – fertigt sie mit anderen Schwestern zusammen eine lateinische Chronik des Klosters an. Getrieben von einem humanistisch-historiografischen Interesse exzerpieren die Schwestern Urkunden ihres Klosters und versuchen sich in einer geschichtlichen Gesamtdarstellung – ein Unterfangen, das später durch Apollonia Tucher auch in einer deutschen Fassung vorgelegt wird. Deren Randkorrekturen stammen von Caritas' Hand. Sicher leistet ihr ihre besondere Leidenschaft für das Lateinische und ihre präzise Übersetzungskunst gute Dienste. Die Intention dieser Schrift, die von Caritas maßgeblich ediert wird, ist eindeutig: Die Rückbesinnung auf die Vergangenheit möge dazu befähigen, sich den Herausforderungen der Gegenwart stellen zu können. Etwa zwei Jahrzehnte später soll die Rolle der Chronistin die wichtigste im Leben der Caritas Pirckheimer werden – dann freilich nicht mehr im Hinblick auf eine ferne Vergangenheit, sondern mit Blick auf eine drangvolle Gegenwart.

GELIEBTER BRUDER – GELIEBTE SCHWESTER

Auch wenn wenig über Caritas Pirckheimers frühe Jahre im Kloster bekannt ist, so kann man wohl annehmen, dass sie dort viel gewonnen hat: eine Gemeinschaft von Schwestern, mit denen sie ihre Liebe zur Wissenschaft und ihre Frömmigkeit leben kann, einen Ort für ihr unermüdliches Streben nach

Erweiterung ihrer geistigen Fähigkeiten, einen Freiraum sowohl zur Meditation des Lebens und Leidens Christi als auch zur Fürbitte für andere.

Diesem Gewinn steht jedoch auch ein Verlust gegenüber: Der Schritt ins Kloster bedeutet gleichzeitig ein radikales Abschiednehmen von den Ihren. Nur am Redefenster, das durch ein dunkles Tuch den Blick auf das Gegenüber unmöglich macht, ist es den Nonnen erlaubt, mit der Außenwelt zu kommunizieren. Lediglich über eine Winde an der Klostermauer können Gegenstände von draußen nach drinnen geschafft werden.

Und doch ist Caritas nicht verlassen von ihrer Familie. Die Mutter freilich stirbt kurz vor Caritas' 21. Geburtstag. Der verwitwete Vater kehrt jedoch München den Rücken und zieht zurück nach Nürnberg, um sich in den Dienst seiner Vaterstadt zu stellen. In seinen letzten Lebensjahren tritt er ins Barfüßerkloster ein.

Die Pirckheimer als »Pflanzgarten Gottes«

Zahlreiche Mitglieder der Familie Pirckheimer wählten den geistlichen Stand – der Urgroßvater von Caritas, Franz I. (gest. 1449), sowie ihr eigener Vater Hans (gest. 1501) traten in ihren letzten Lebensjahren in ein Kloster ein. In Caritas' Generation wählten sechs ihrer acht Schwestern den Ordensstand: Walburga lebte als Klosterfrau zu St. Jakob am Anger in München, Felicitas und Eufemia traten ins Kloster zu Bergen ein, Katharina ins Kloster Geisenfeld, Klara folgte der ältesten Schwester ins Nürnberger Klarissenkloster. Eine weitere Tochter, ebenfalls auf den Namen Felicitas getauft, war bereits im Kindesalter verstorben; nur Juliana (geb. 1479) vermählte sich mit Martin Geuder. Von den fünf Töchtern des Willibald Pirckheimer traten ebenfalls drei ins Kloster ein: Katharina (geb. 1498) und Crescentia (geb. 1499) folgten ihrer Tante Caritas ins Klarissenkloster; die nach ihrer Tante benannte Caritas (1503) wählte das Kloster zu Bergen.

Im Mai des Jahres 1501, 13 Jahre nach seiner Gattin, stirbt Hans Pirckheimer. Seine Grabstätte in der Augustinerkirche ließ die bis heute ungeklärte Frage aufkommen, ob er womöglich kurz vor seinem Lebensende ein Augustinermönch geworden sein könnte. Sein prächtiges Haus am Hauptmarkt, seine große Bibliothek vererbt er dem einzigen Sohn Willibald. Sein immaterielles Erbteil freilich – die Liebe zu den Büchern – hinterlässt er auch Caritas.

Nicht erst nach dem Tod der Eltern scheint das Band zwischen Caritas und ihrem einzigen Bruder besonders stark gewesen zu sein. Die Klostermauern stellen kein Hindernis dar für diese so enge und innige Bindung, die zwischen den beiden ungleichen Geschwistern besteht. *»[M]agna pars animae meae«* – so nennt Willibald Caritas einmal in einem Brief, und der Stolz auf die »Hälfte seiner Seele« ist in vielen der zahlreichen Briefe an seine Schwester zu spüren.

Nicht allein ihre Verbindung als leibliche Geschwister ist dabei ausschlaggebend, sondern vielmehr der Gleichklang ihrer Interessen: Im Begleitschreiben seiner Plutarchübersetzung »Lob der Philosophie« aus dem Griechischen ins Lateinische schreibt Willibald: *»Nicht allein deshalb bist du mir teuer, geliebteste Caritas, weil du meine leibliche Schwester, von denselben Eltern entsprossen, durch das innige Band der Natur und des Blutes mit mir verbunden bist, sondern auch weil du neben deinem Lebensberuf den Studien dich hingibst und ein besonderes Verlangen nach den schönen Wissenschaften trägst.«*

Aber Willibald belässt es nicht nur bei Worten. Er unterstützt Caritas Eros für die Wissenschaft auch ganz praktisch – etwa durch zahlreiche Büchersendungen. Vor allem Neuerscheinungen stehen auf seinen Bücherlisten für den Konvent der Schwester. Bis zu seinem Tod sollte er diese Praxis fortführen.

Während die Beziehung zwischen den Geschwistern wie ein Abbild des humanistischen Ideals der Gleichwertigkeit der Geschlechter erscheint, kann oder will Pirckheimer dieses mit seiner eigenen Ehefrau Crescentia, einer geborenen Rieter, nicht verwirklichen. Aus dieser vom Vater arrangierten Vernunftverbindung, nur wenige Wochen nach seiner Rückkehr aus seinem Studienort Padua eingegangen, existieren bezeichnenderweise keine brieflichen Zeugnisse. Crescentia stirbt 1504 kurz nach der Geburt des sechsten Kindes und lässt den 34-Jährigen zurück.

So bleibt ihm nur Caritas – und er bleibt für sie das entscheidende Bindeglied zur Welt jenseits der Mauern, zumal zur Welt der Humanisten und der geistigen Elite. Willibald schlüpft dabei auch in die Rolle eines Multiplikators für Caritas' Ansehen und Bekanntheit.

3 Ruf in die Pflicht: Die Wahl zur Äbtissin

NÜRNBERG KANN SICH GLÜCKLICH SCHÄTZEN

Am 20. Dezember 1503 wird Caritas Pirckheimer von den etwa 60 Schwestern des Konvents einmütig zur Äbtissin gewählt. Sie ist zu diesem Zeitpunkt 36 Jahre alt. In der Stadt wird diese Wahl mit großer Zufriedenheit registriert, hält man sie doch aufgrund ihrer vielfältigen Talente und ihrer vorbildhaften Frömmigkeit für diese Aufgabe als besonders geeignet. Zahlreiche Glückwunschschreiben bringen diese Billigung der Stadtväter zum Ausdruck.

Ob Caritas sich selbst zu dieser Wahl beglückwünscht? Man darf vermuten, dass ihr Bruder Willibald seine Schwester so gut kennt, dass er um ihre ambivalenten Gefühle weiß und diese in die lakonischen Worte fasst: »*Sollte dir gratulieren, aber ich bedauere dich*«; dennoch ermutigt er sie in der Bildersprache des neuen Testamentes, den Kampf um der Krone willen zu wagen: »*Qui certat, coronatur.*«

Was aber bedeutete dieses Amt? Noch im 14. Jahrhundert war ein zweijähriger Turnus der Äbtissinenposition üblich gewesen; im Laufe des 15. Jahrhunderts jedoch hatte sich die durchschnittliche Amtszeit bereits auf etwa zehn Jahre ausgeweitet, um schließlich zu Beginn des 16. Jahrhunderts als eine lebenslange Aufgabe verstanden zu werden. Zahlreiche Pflichten verbinden sich mit dieser Funktion: Caritas trägt nunmehr Verantwortung für alle leiblichen und geistlichen Belange der Schwestern sowie für den Unterhalt der dem Kloster zugehörigen Laienschwestern und Pfründner. Eingebunden in das hochkomplexe Machtgefüge der Stadt Nürnberg muss sie als Sprachrohr aller Schwestern die Anliegen des Klosters nach außen vertreten. Ihr obliegt, unterstützt vom Klosterpfleger, die Kommunikation mit dem Rat. In ihren Händen liegt der Schriftverkehr des Klosters in allen materiellen und finanziellen Belangen auch mit Blick auf die Besitzungen des Konvents im Nürnberger Umland. Das Kloster darf sich hier nicht allein als Nutznießer verstehen; man ist auch verantwortlich für ein – wie man heute sagen würde – nachhaltiges Wirtschaften.

Caritas muss darüber hinaus dafür Sorge tragen, dass die Priorin, die Kindermeisterin, die Novizenmeisterin, die Kellermeisterin und die Pförtnerin ihren Dienst ordentlich versehen. Sie trägt die Verantwortung für die geistliche und sittliche Integrität der Schwesternschaft: Die strenge Beachtung der Ordensregel muss die Äbtissin durch ein wöchentlich abzuhaltendes Schuldkapitel gewährleisten.

Die Regel der heiligen Klara

Schon bald nach dem Beschluss der Klara von Assisi, Franziskus in ein Leben klösterlicher Armut und Abgeschiedenheit zu folgen, und ihrer Unterbringung in der Kapelle San Damiano im Jahr 1212 hatten sich ihr weitere Frauen angeschlossen – unter anderem ihre jüngere Schwester Agnes. 1215 verfasste Franziskus für die kleine Gemeinschaft eine kurze Regel – die *formula vitae* –, in der er die strenge Klausur und vollkommene Armut festschrieb. In vielen sich neu gründenden Frauenklöstern, die sich an San Damiano orientierten, galt ab 1218 eine Regel, die der Kardinal Hugolin verfasst hatte und die die Eingliederung der neuen Klostergemeinschaften in die benediktinische Regel zum Zweck hatte. Da Klara von Assisi in dieser Regel des Hugolin das strenge Armutsprinzip aufgegeben sah, widersetze sie sich dieser und hielt an der *formula vitae* des Franziskus fest. Erst 1228 gewährte ihr Hugolin, der mittlerweile als Papst Gregor IX. als Oberhaupt der Kirche amtierte, das Armutsprivileg *(privilegium paupertatis)*. 1247 erließ Papst Innozenz IV. eine neue Regel für die Damianitinnen, in welcher deren Zugehörigkeit zu den Franziskanern betont, das Armutsprivileg jedoch missachtet und den Frauenkonventen Besitz zugestanden wurde. Bis zu ihrem Tod setzte sich Klara von Assisi für die Erlaubnis der Armut ein und verfasste eine eigene Regel, die zwei Tage vor ihrem Tod, am 9. August 1253, durch die Bulle

Solet annuere des Papstes Innozenz IV. bestätigt wurde. Dies galt jedoch allein für den Konvent in Damiano, so dass die zahlreichen franziskanischen Frauenklöster ohne eindeutige Ordensregel blieben. Erst 1283 erließ Papst Urban IV. eine neue, einheitliche Regel. Der Versuch der Einigung scheiterte jedoch, da jene Urbanregel den Klöstern gemeinsamen Besitz und Einkünfte erlaubte und es zu einer Spaltung zwischen »Urbanistinnen« und Anhängerinnen Klaras kam, die wie sie an der absoluten Besitzlosigkeit festhielten. Seit der Urbanregel führt der zweite (weibliche) Orden des hl. Franz offiziell den Namen *Ordo sanctae Clarae* (Klarissen). Die Urbanregel beinhaltete etwa die Klausurvorschriften (cap. 1), die gemeinsame Unterbringung der Äbtissin und der Schwestern im Dormitorium (cap. 5), die Arbeit der Schwestern (cap. 8) oder auch das Maß des Redens (cap. 10). Auch der Wortlaut der Profess findet sich in jener Regel des Papst Urban: *»Ich swester ... geheize got und unser vrouwen sancte Marien der ewig meide. Sanct Francisco. und sanct Claren. und allen heiligen. Ze lebenne unter der regel. Diu unserm orden gegeben ist von dem bâbest Urbano dem vierten in aller zît mînes lebens. in gehorsam. âne eigenschaft. und in kiuscheit. Ouch under dem slozze nâch der selben regel ordenunge.«*

Zwei Aufgabenbereiche mögen ihren eigenen Neigungen am ehesten entsprochen haben: zum einen die Sorge für den Erhalt und die Erweiterung der klostereigenen Bibliothek, zum anderen die Verantwortlichkeit für die klösterliche Lateinschule, die der weiblichen Jugend der Stadt und dem Schwesternnachwuchs offenstand.

DIE JAHRE DER BLÜTE

Ganz offenbar wird Caritas ihrer Scheu vor dem ihr übertragenen Amt zum Trotz diesem in hervorragender Weise gerecht. In die frühe Periode ihrer Zeit als Äbtissin fallen zahlreiche Baumaßnahmen, die an vielen Ecken und Enden des Klosters nötig geworden waren. Dabei muss man sich dessen vielfältige Zweckbestimmung vor Augen halten, die sowohl die Funktion eines geistlichen Zentrums als auch eines Wirtschaftsbetriebes umgreift. Wie in den meisten mittelalterlichen Klöstern gibt es auch in St. Klara schließlich eine Küche, mehrere Vorratshäuser, eine Würzkammer, ein Waschhaus, eine Siechenstube, eine Zisterne, Bier- und Weinkeller, ein Schlafhaus und Kuhställe. Freilich müssen auch Beichthaus, Skriptorium, Friedhof sowie Kirche und Kreuzgang in einem ordentlichen Zustand erhalten werden. Mit Geschick und Sachverstand leitet Caritas die Finanzierung und die Durchführung der nötigen Arbeiten in die Wege. In dem seit dem Jahr 1408 geführten Baubüchlein des Klosters findet man die unter Caritas' Ägide ausgeführten Maßnahmen dokumentiert, inklusive der Material- und Arbeitskosten.

Noch werden die Nonnen bei diesen Bauprojekten von der Stadt unterstützt, obgleich man bestrebt ist, vieles aus dem Selbstersparten zu finanzieren – etwa den Bau einer Muskammer im Jahr 1508, den der Konvent aus dem jahrelang angesparten Erlös des Rosen-, Lilien- und Gewürzverkaufs des Klostergartens bestreitet. Insbesondere der Garten stellt für den Konvent eine wichtige Einnahmequelle dar und ist zugleich die Basis für den täglichen Eigenbedarf an Lebensmitteln und Medikamentenwirkstoffen.

Das Nürnberger Klarakloster

Auf Grund eines Beschlusses des Bamberger Bischofs Berthold wurde am 29. Januar 1279 der bei der Kirche St. Maria Magdalena im Südosten der Stadt gelegene Reuerinnen- / Magdalenerinnenkonvent dem Klarissenorden einverleibt. Bis dahin hatte das Ordenshaus für Reuerinnen »gefallenen Frauen« Zuflucht und eine neue Lebensperspektive geboten. 1270, kurz vor dem Anschluss an den Orden der hl. Klara, hatte man, maßgeblich unterstützt durch die Patrizierfamilie Ebner, mit einem Neubau des Klosters vor dem Frauentor begonnen. Doch der Beschluss Papst Gregors X., alle nach dem

4. Laterankonzil entstandenen Bettelorden zu verbieten, nahm den Reuerinnen ihr Existenzrecht: Wenn sie auch nicht aufgelöst werden durften, so war ihnen doch fortan die Aufnahme neuer Mitglieder versagt. Die Umwandlung des Magdalenenkonvents zum Orden der Klarissen wurde somit vollzogen – allerdings konnten erst im Zuge grundlegender Reformen im 15. Jahrhundert Spaltungen innerhalb der Ordensgemeinschaft in Anhängerinnen der hl. Klara auf der einen und Anhängerinnen der Maria Magdalena auf der anderen Seite beigelegt werden. Erst die Einführung der Straßburger Observanz, einer strengen Rückbesinnung auf die Ordensregeln, im Jahre 1452 ließ den Konvent zur Ruhe kommen. In der Folgezeit fungierte das Klarissenkloster als vorbildhafter Musterkonvent, der nun seinerseits Nonnen in alle Lande schicken konnte, um die Missstände in anderen Klöstern, etwa in Bamberg, Eger, München, Brixen und Söflingen bei Ulm, erfolgreich beizulegen. Die Regierungszeit der Äbtissin Caritas Pirckheimer (1503–52) stellte die Hochzeit des Konventes dar; nach dem 1525 erlassenen Verbot, Novizinnen aufzunehmen, starb das Kloster 1596 aus. Seit 1574 feierte man in der Klarakirche evangelische Gottesdienste, ab 1618 nutzte man das Kloster als städtisches Leihhaus. Zwischen 1806 und 1854 gebrauchte das Königreich Bayern die Kirche für profane Zwecke, sprach sie jedoch auf Bitten der katholischen Kirche der katholischen Gemeinde zu Unserer Lieben Frau zu. 1899 riss man das ehemalige Klosteranwesen ab; auf dem Gelände befindet sich heute die Luitpoldstraße sowie die Tagungs- und Bildungsstätte des Caritas-Pirckheimer-Hauses.

Doch nicht allein auf dem baulichen Sektor stellen diese Jahre eine Blütezeit dar. Auch die handwerklichen Fähigkeiten des Konvents befinden sich offenkundig auf einem Höhepunkt: Dem Klarakloster vertraut man die gewichtige Aufgabe an, den schadhaft gewordenen Krönungsornat zu restaurieren, der für die Krönung Kaiser Karls V. 1520 in Aachen benötigt wird. Das außerordentliche Geschick der Nürnberger Klarissen auf dem Gebiet der handwerklichen Arbeiten war weithin bekannt.

Neben all diesen zweifellos bedeutsamen lebenspraktischen Bereichen ist es vor allem das geistige und geistliche Leben des Klosters, das sich unter Caritas besonders entfalten kann. Es sind nicht zuletzt die Bücher, die als bleibendes Zeugnis für jene glückliche Phase ihrer frühen Amtszeit gelten können. Da sind zum einen die kunstfertigen Abschriften und Illustrationen, die im Kloster vorgenommen werden – etwa von zeitgenössischen Autoren wie Stephan Fridolin oder Heinrich Vigilis –, zum anderen all jene Buchgeschenke, die durch Bewunderer und Freunde der Äbtissin dem Kloster zuteil werden – unter ihnen etwa Werke des Johann von Staupitz.

Das Klarakoster besitzt, unter anderem dank der zahlreichen hochgebildeten Freunde der Caritas Pirckheimer und dank ihres Bruders Willibald, eine reiche Bibliothek. Mehrere Themenkreise scheinen für die Klarissen eine besondere Relevanz besessen zu haben: Neben der Beschäftigung mit dem Leben ihrer Ordensgründerin Klara von Assisi und folgerichtig auch des Franz von Assisi waren es Predigten und Traktate, die sich mit dem Aufstieg der liebenden Seele zu Gott befassten. Die intensive geistliche Beschäftigung mit Christus als Kind in der Krippe und als Schmerzensmann lässt sich an einer Vielzahl von Gebeten ablesen, die als Sammlung wohl zur Zeit der Caritas Pirckheimer zusammengefasst wurden. Aber auch in Stephan Fridolins »Schatzbehalter oder schrein der waren reichtuemer des hails und ewyger seligkeit« (1491 bei Anton Koberger gedruckt) stand das Leiden Christi im Zentrum; ebenso im Werk »De Imitatione Christi« des Thomas von Kempen (gedruckt 1494), dem »Speculum passionis domini nostri Jesu Christi« des Ulrich Pinder (gedruckt 1507) oder in Johann von Staupitz' »Ein buchlein von der nachfolgung des willigen Sterbens Christi«.

Neben dem Bewahren der anvertrauten Bücherschätze bemühte man sich auch um die Vermehrung des Bestandes durch neue Abschriften. Exemplarisch seien genannt das »Leben der hl. Klara und ihrer Schwester Agnes. Briefe der hl. Klara an die hl. Agnes von Prag. Gebete. Sermo de b. Clara. Deutsche Antiphone«, geschrieben von Margareta Wisentauer, Nonne zu St. Klara, oder »Das Buch von der Gemahelschaft Christi« von Konrad Wernt, in Auftrag gegeben von der Äbtissin Margarete Ortlieb, die »Predigten des Dominikaners Johannes Tauler«, abgeschrieben von Katharina Ockersin (gest. 1486).

Das unter anderem durch den Ordenshistoriographen Nikolaus Glassberger geweckte Interesse an der Geschichte des eigenen Klosters schlug sich in der Abschrift der »Deutsche[n] Chronik des Franziskanerordens. Deutsche Chronik der Nürnberger Klarissen« nieder, an der auch Caritas Pirckheimer maßgeblich beteiligt war. Ein Buch der Klosterbibliothek, eine Schenkung des Heinrich Meichsner, entstanden um 1412, enthält neben einem Beichtspiegel die älteste deutsche Prosaübersetzung äsopischer Fabeln, die nur in dieser einen Handschrift vorliegen. Die Existenz dieses Bandes zeigt die Offenheit des Konvents für die Geisteswelt der Antike. Ebenfalls als Schenkung des Heinrich Meichsner erhielt das Kloster eine 1455 in Nürnberg gedruckte, zweibändige deutsche Bibel, die sich auf die Übersetzungen des Martin Rotlev und der Wenzelbibel zu stützen scheint. Das »Goldbortenmodelbuch« der Klarissin Anna Neuper von 1517 ist ein literarisches Zeugnis der Handwerkskunst der Nürnberger Klarissen.

Auch die Musik darf an dieser Stelle nicht vergessen werden. Caritas liebt und schätzt sie, spielt selbst Hackbrett, und bei zahlreichen klösterlichen Festlichkeiten wird gemeinsam musiziert. In diesem Zusammenhang hat das Klarakloster auch im Hinblick auf das liturgische Musizieren eine Besonderheit aufzuweisen: Der Patrizier Anton Tucher stiftet 1517 dem Kloster eine Orgel – eine große Erleichterung für die Schwestern, die täglich acht Stundengebete zu sprechen und vor allem zu singen haben. Doch erst nach einem eigens eingeholten Dispens des Papstes Leo X. wagt Caritas, das Geschenk zu nutzen und sich darüber zu freuen.

Dass auch die bildende Kunst der Äbtissin am Herzen liegt, bezeugen unter anderem die beeindruckenden Illustrationen,

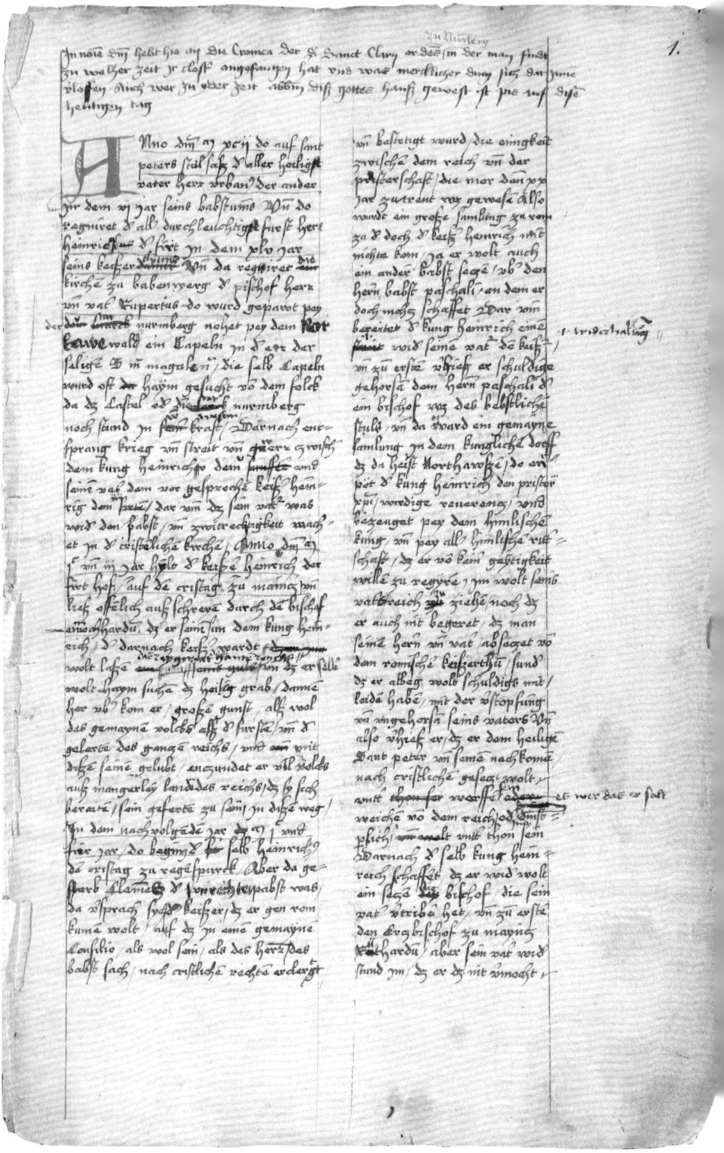

Deutsche Chronik des Klaraklosters mit Randkorrekturen durch Caritas Pirckheimer, um 1500

die im Skriptorium entstehen und die Anfertigung einer Altartafel für die Klarakirche. Caritas' persönliches Interesse an der Kunst zeigt sich etwa in ihrer Bewunderung für Albrecht Dürer, dessen 1511 durch den Benediktiner Chelidonius herausgegebenes »Marienleben« der Äbtissin gewidmet ist: *»Eifrige Vorsteherin wachsamer Jungfrauen. Die lateinischen Bücher, die du, Frau, mit Fleiß liesest, machen dich geschätzt und gepriesen von uns, ... Deshalb widme ich dir, Jungfrau Caritas, dies Werk der Musen, das mit leichtem Sang die Jungfrau Maria besingt, die Führerin der Jungfrauen, der du mit mir für diese bescheidenen Gedichte Beifall spenden mögest.«*

Albrecht Dürer

Am 21. Mai 1471 als drittes Kind eines aus Ungarn stammenden Nürnberger Goldschmieds geboren, ging Albrecht Dürer im Alter von 12 Jahren zunächst bei seinem Vater in die Lehre. Mit 13 Jahren fertigte er ein erstes Selbstporträt an, das seine herausragende Begabung für die Malerei offenbarte. Gegen den anfänglichen Widerstand des Vaters erreichte es der nunmehr 15-Jährige, im Großbetrieb des Malers Michael Wolgemut als Lehrling anfangen zu dürfen. Im Winter 1489, nach Abschluss seiner Lehre, hielt sich Dürer noch eine Weile in Nürnberg auf – in dieser Zeit entstanden die beiden berühmten Porträts seiner Eltern Barbara und Albrecht d. Ä. Nach einer vierjährigen Wanderschaft, deren Stationen leider nicht bekannt sind, kehrte er nach Nürnberg zurück und verheiratete sich mit der ihm vom Vater zugedachten Agnes Frey, die ihm eine nicht geringe Mitgift und zudem Zutritt zu den höheren gesellschaftlichen Schichten Nürnbergs verschaffte. Bald schon konnte sich Dürer durch seine Zeichnungen, Holzschnitte und Kupferstiche einen Namen machen. Seine Reisen nach Italien und in die Niederlande beeinflussten seinen Stil nachhaltig und förderten zudem sein internationales Renommée. Nicht nur seine Geschäftstüchtigkeit, auch das ihm von Kaiser Maximilian zugesagte und von dessen Enkel Karl V.

bestätigte Leibgeding sorgten für seine materielle Absicherung, die ihm große künstlerische Freiheit ermöglichte. Seine religiösen und profanen Motive, seine Innovationskraft auf dem Gebiet der Proportionslehre und des Porträts begeisterten die Zeitgenossen. In seiner Heimatstadt fand er in Willibald Pirckheimer eine gleichgesinnte Seele. Die beiden verband eine lebenslange Freundschaft. Pirckheimers breitgefächerte Universalbildung lieferte die intellektuelle Grundlage für viele Werke des Malerfürsten: In welchem Maße sein Wissen in das Schaffen Dürers einfloss, lässt sich etwa an der Ausmalung des Rathaussaales ablesen, die man als eine Art geistig-künstlerische Co-Produktion beider Männer ansehen kann.

Als Dürer am 6. April 1528 starb, schrieb Pirckheimer: *»Du, während so vielen Jahren mir innigst freund und verbunden, Albrecht, du meines Ichs wertvollrer besserer Teil ... Was dir zu deinem Wert das günstge Geschick auch gegeben: Treue und Rechtschaffenheit, schönheitskundige Hand – All dies entwand dir der Tod so bald in ruchlosem Ansprung, nur: zu entreißen den Ruhm, blieb er glücklich zu schwach. Denn: solang Sterne dort oben den strahlenden Pol umkreisen, bleibt dir, Dürer, der Ruhm, bleibt dein kraftvolles Werk. Ziehe dahin, unsrem Volke ein nie erlöschender Name, suche das himmlische Reich, Christus geht dir voraus ...«* Und in einem Brief hielt Pirckheimer kurz nach Dürers Tod fest: *»Ich hab warlich an Albrechten der pesten freunt eynen, so ich auf erdreych gehabt, verloren.«*

DAS VERBOTENE LATEIN

Das mittelalterliche Klosterwesen bot für Männer und Frauen die Möglichkeit, Latein als die universale Sprache der Kirche und als Sprache der antiken Schriften zu erlernen. War das Lateinische im Zeitalter der Völkerwanderungen zunehmend in Vergessenheit geraten, so hatte es unter Karl dem Großen eine neuerliche Renaissance erlebt und war als Sprache des Klerus und der Gelehrten neu belebt worden. Es ist davon auszugehen, dass Mädchen in der Regel ausschließlich im klösterlichen Kontext die Möglichkeit erhielten, Latein zu erlernen, während Jungen etwa in Nürnberg an vier städtischen Lateinschulen auch außerhalb der Ordenslaufbahn Zugang zu lateinischer Bildung hatten. Diese vier Nürnberger Lateinschulen befanden sich an St. Sebald, St. Lorenz, bei St. Egidien sowie am Heilig-Geist-Spital. In einem Bericht von Georg Altenstein aus dem 15. Jahrhundert heißt es, dass in der Nürnberger Spitalschule ein sogenannter Wolf *(lupus)* darüber wachte, dass die Schüler sich ausschließlich auf Latein verständigten. Erst ab ca. 1510 wurde auch das Deutsche als Unterrichtssprache erlaubt.

Mit Blick auf das lateinische Bildungswesen innerhalb der Klöster belegt die Existenz einer Vielzahl lateinischer Schriften in Frauenkonventen, die für die Lesungen bei Tisch sowie zur persönlichen Erbauung genutzt wurden, dass auch für Nonnen Latein als Bildungsgut ernst genommen und ein hohes Niveau angestrebt wurde. Durch die Auflösung zahlreicher Klöster während der Reformationszeit ging diese Bildungschance für Mädchen und Frauen verloren. Das sich neu konstituierende Schulwesen, wesentlich geprägt und inspiriert durch Philipp Melanchthon, hatte lediglich die männliche Jugend im Blick. Höhere Mädchenschulen, an denen Latein unterrichtet wurde, wurden von den Reformatoren nicht eingerichtet. Die Bitte einer Nürnberger Bürgerin, Magdalena Rockenbachin, aus dem Jahr 1601, man möge in der Stadt eine Jungfrauenschule nach dem Vorbild des ehemaligen Klarissenklosters einrichten, dokumentiert die entstandene Leerstelle.

Doch auch zu Caritas' Zeiten scheint die Ausbildung von Mädchen und Frauen in der Kunst des Lateins nicht ganz ohne Unbehagen wahrgenommen zu werden. Gewinnt man auch den Eindruck, dass eben Caritas' lateinische Gelehrsamkeit Dürers Bewunderung hervorruft – *»Die lateinischen Bücher, die du, Frau, mit Fleiß liesest, machen dich geschätzt«* –, so ist doch der Nürnberger Äbtissin zu diesem Zeitpunkt das Recht zur Artikulation in der lateinischen Sprache entzogen. Unmittelbar nach ihrer Wahl zur Klostervorsteherin, kurz vor dem

Weihnachtsfest 1503, erlassen die Franziskaner an die neue Amtsinhaberin ein aus heutiger Sicht schier unglaublich erscheinendes Verbot: In ihrer Korrespondenz habe sich Caritas ausschließlich der deutschen und nicht der lateinischen Sprache zu bedienen. Begründet wird diese Anordnung nicht. Bereits bei den Zeitgenossen löst dieser Befehl Fassungslosigkeit und Unverständnis aus. Willibald Pirckheimer macht aus seiner Verärgerung keinen Hehl. In einem Brief vom 14. März an Conrad Celtis notiert er bitter: »*Vide temeritatem, nec dicam nequitiam hominum.*« Pirckheimer scheut sich also nicht, die Barfüßermönche in diesem Rahmen der Willkür und Schlechtigkeit anzuklagen – auch wenn er diese Vorwürfe freilich nicht öffentlich äußert.

Zweimal wird Caritas es wagen, sich diesem Verbot zu widersetzen – 1505 gar in einem Brief an den Papst selbst! 1513 missachtet sie bei ihrem Dankesbrief an den Bruder, der ihr gerade seine Plutarch-Übersetzung gewidmet hat, noch einmal die Anweisung ihrer Vorgesetzten und antwortet auf Latein. Eine Aufhebung oder zumindest eine Begründung dieses Verbotes wird Caritas auch in den Folgejahren nicht erwirken.

MIT NACHSICHT UND LIEBE

Stand hinter dieser Anordnung vielleicht auch die Sorge, die neugewählte Äbtissin könne ihren Vorgesetzten in die Sphäre der humanistischen Gelehrsamkeit entgleiten und ihre eigentliche Aufgabe – die Fürsorge für den Konvent – über ihren wissenschaftlichen Ambitionen vernachlässigen? Diese Bedenken jedenfalls wären völlig unbegründet gewesen. Nicht äußerliches Pflichtgefühl, sondern Wärme und Zuneigung prägen Caritas' Umgang mit den ihr anvertrauten Schwestern. In einem undatierten Brief des Lorenzer Probstes Sixtus Tucher hält dieser fest, was ihm seine Tante Appolonia, Nonne im Klarakloster, über Caritas zu berichten weiß. Dieses Lob gibt er an sie weiter. Gerade in ihrer Eigenschaft als Lehrende zeige sich, dass »*ein milterer prunnen der lieb gegen deine schwestern aus dir entspring und flies … das du keiner arbait oder unmues schonest, sunder dich untersteest mit allem mueglichen vleis sie all neben dir mit gueten tugenden und kuensten zue waiden und ersetigen …«*

Offenbar versteht es Caritas, trotz der strengen klösterlichen Strukturen eine Atmosphäre der Heiterkeit und Weite zu schaffen und auch dann, wenn sie Grund zum Tadel findet, diesen nicht verletzend, sondern gütig vorzubringen.

Eine kleine Episode aus dem Jahr 1511 legt davon beredt Zeugnis ab: Felicitas Grundherr, eine junge Mitschwester, war von Caritas ermahnt worden, weil sie ihren Vater um die Zusendung einer Uhr – damals eine technische Neuheit – gebeten hatte. Sie solle den vielbeschäftigten Vater nicht mit derlei Wünschen behelligen! Felicitas beklagt sich jedoch nicht über die Äbtissin, sondern schreibt an Leonhard Grundherr, der offenbar von dieser Meinungsverschiedenheit wusste: *»[I]ch hab eine getrewe frewntliche liebe wirdige mutter an ir wyrd(en) mer denn ich sagen oder schreiben kann, der ich kein weckczel beger, weil ich leb.«*

4 Die gelehrte Jungfrau: Caritas als weibliches Idealbild der Humanisten

»JUNGFRAU, WOHLGEÜBT IN DER RÖMER SPRACHE«

Dem Ruf der Pflicht folgend, hatte Caritas Pirckheimer 1503 das Amt der Äbtissin angetreten. Ihre ureigene Neigung bleibt daneben bestehen: Ihr nicht müde werdendes Interesse an der Erweiterung und Vertiefung ihrer Kenntnis der lateinischen Sprache, der Heiligen Schrift und der Texte der christlichen und antiken Tradition. Dass dieses Streben stets eingebettet ist in eine Haltung der tiefen Frömmigkeit, wird Caritas zeitlebens besonders wichtig bleiben. Und so scheint sie die beiden wichtigsten Wesenszüge des idealen humanistischen Menschen in hervorragender Weise zu verkörpern: Tugend und Gelehrsamkeit.

Der Humanismus in Nürnberg

Die seit dem 19. Jahrhundert als Humanismus bezeichnete Erziehungs- und Bildungsbewegung, deren Anfänge in der Mitte des 14. Jahrhunderts in Italien liegen, propagierte die Gleichwertigkeit von Natur- und Geisteswissenschaften. Gott stand als Inbegriff der Vollkommenheit im Zentrum, dem man sich durch intellektuelle und ästhetische Bildung anzunähern versuchte. Prominent war eine Sichtweise der Geschichte, die dem Grundaxiom der Kontinuität verpflichtet war: Die antiken Denker, Künstler und Ereignisse wurden ebenso wichtig genommen wie die der Gegenwart. Dies beförderte die Beschäftigung mit den Schriften der Antike, ihre Sammlung und ihre Übersetzung in andere Sprachen. Jener italienische Humanismus und seine These von der Würde des gottebenbildlichen Menschen, vertreten etwa durch Picco de la Mirandola (1463–94), griff im Verlauf des 15. Jahrhunderts auch auf Deutschland über.

Das Nürnberg des 16. Jahrhunderts entwickelte sich zu einem wichtigen Zentrum des deutschen Humanismus, das sich unter anderem durch die Stärkung der Wissenschaftsgebiete der Geographie und der Historiographie hervortat.
Mit Blick auf die eigene Gegenwart unternahm man dort die Beschreibung der Länder und Städte – so etwa in der monumentalen Weltchronik des Hartmann Schedel aus dem Jahr 1493, in der »Norimberga« des Conrad Celtis von 1495 und in dem fragmentarisch ausgeführten Projekt einer »Germania illustrata«, die eine Geschichtsschreibung des deutschen Reiches zum Ziel hatte.
Ein weiterer Schwerpunkt innerhalb des Humanismus stellte die Liebe zur Sprache dar, deren Pflege kein Selbstzweck darstellte, sondern die der Formung des Menschen selbst dienen sollte. Besonders kamen hierbei die Sprachen der Antike in den Blick und damit das Feld der Übersetzungsarbeit. Hier leistete etwa der Nürnberger Willibald Pirckheimer einen wichtigen Beitrag, nicht nur durch seine Übersetzungen aus dem Griechischen sondern auch durch seine Unterstützung für die Nürnberger Poetenschule (1496–1509), die sein Vater Johannes Pirckheimer angeregt hatte. Auch durch den neulateinischen Dichter Eobanus Hessus, der 1526 an der durch Melanchthon gegründeten Nürnberger Ägidienschule wirkte, gingen von Nürnberg wichtige Impulse für den Humanismus aus.

Von berühmten Vertretern des Humanismus wird sie immer wieder als Idealbild gesucht und angesprochen. Mit am aufschlussreichsten für die Tiefe und Untiefen jener Beziehung zwischen Caritas und den Geistesgrößen ihrer Zeit ist ihre Verbindung mit Conrad Celtis. Geboren am 1. Februar 1459 als Konrad Bickel / Pyckell (wohl von »Winzerpickel«) in Weipfeld nahe Schweinfurt, studierte er in Köln und erwarb dort das Bakkalaureat der *Artes liberales*. In Heidelberg führte er ab 1484 seine Studien weiter und eignete sich dort auch Kenntnisse der griechischen und

Conrad Celtis. – Gedächtnisbild von Hans Burgkmair dem Älteren, 1507

lateinischen Sprache an. Als Schüler des Rudolf Agricola wendete er sich zunehmend humanistischen Bildungsinhalten zu. Bei seinen Aufenthalten in Padua, Ferrara, Bologna, Florenz, Venedig und Rom verkehrte mit der italienischen geistigen Elite wie Marsilius Ficinus oder Marcus Antonius Sabellicus.

Als Lehrer für Poetik unterrichtete er bis 1487 an den Universitäten Erfurt, Rostock und Leipzig. Als Höhepunkt seiner Karriere gilt die Krönung zum *poeta laureatus* am 18. April 1487 auf dem Nürnberger Reichstag durch Kaiser Friedrich III. Nach weiteren Reisen, u. a. nach Krakau und Prag, erhielt er 1491/92 eine außerordentliche Professur an der Universität Ingolstadt. Nach einer Phase als Leiter der Regensburger Domschule (ab 1492) führte ihn seine Tätigkeit als Lehrer der Söhne des pfälzischen Kurfürsten Philipp noch einmal nach Heidelberg. In seinem letzten Lebensjahrzehnt wirkte er aber vor allem in Wien, wohin er als »ordinierter Lektor« für Rhetorik und Poetik berufen worden war. Dort regte er die Gründung eines *Collegium poetarum et mathematicorum* an. Sein großes Interesse an der Zusammenarbeit von Poesie und Naturforschung lässt sich auch in seinem eigenen Werk ablesen: Neben seinen literarischen Werken veröffentlichte Celtis auch geographische und naturwissenschaftliche Schriften. Er entdeckte und edierte zahlreiche Werke, darunter eine alte Straßenkarte des Römischen Reiches. Sein umfangreichstes Editionsprojekt, die »Germania illustrata«, versuchte alle wissenschaftlichen Erkenntnisse der damaligen Zeit zu bündeln.

Mit diesem berühmten, gebildeten und weitgereisten Mann ergibt sich für Caritas eine besondere Verbindung. Diese lässt sich wie ein Schauspiel in vier Aufzügen samt Prolog beschreiben: Jener Prolog ereignet sich 1501 im Haus von Caritas' Bruder Willibald. Celtis ist dort zu Gast, um die Herausgabe von Texten zu überwachen, die er der Werkstatt des Nürnberger Friedrich Pepys zur Drucklegung anvertraut hat: Bei der Recherche für sein Projekt einer »Germania post Tacitum«, also einer Art Gesamtdarstellung der deutschen Geschichte, war Celtis im Regensburger Kloster St. Emmeram auf die Texte der Roswitha von Gandersheim, einer gelehrten Kanonikerin (935–nach 973), gestoßen. Dieser Fund kommt Celtis' Grundsatzprogramm entgegen: der nationalen Aufwertung der deutschen Kultur und dem Postulat ihrer Gleichrangigkeit, ja gar ihrer Überlegenheit gegenüber dem italienischen Kulturraum.

In Italien war Celtis einer Vielzahl gelehrter Frauen begegnet – nicht nur als fernen Figuren der Geschichte, sondern als Gestalten aus Fleisch und Blut. Sollte sein Heimatland nicht ein ebenbürtiges Gegenstück bereithalten? Durch die Begegnung mit Willibald Pirckheimer wird er tatsächlich fündig, denn der Freund schildert ihm die eigene Schwester als die Gesuchte.

Ein Jahr vergeht, bis im ersten Akt, zu Ostern 1502, Celtis seine fertige Edition ins Klarakloster schickt – versehen mit einer Widmung an Caritas. Gedrängt von ihrem Bruder läutet diese nun den zweiten Akt ein: Wenige Tage später schreibt sie einen Brief an den berühmten Dichter, dankt darin für die *»scripta amabilia Rosuitae virginis doctissimae«*, die liebenswerten Schriften der hochgelehrten Jungfrau Roswitha. Durch die Herausgabe dieses Dramas der Kanonikerin in lateinischer Sprache habe er den herrschenden Topos der Frau als schwaches Geschlecht, als *»fragilem sexum«*, hinterfragt – ein Schritt, den sie von ganzem Herzen begrüße. Auch wenn sie sich eingangs selbst als einfältiges, unwissendes und schlichtes Mädchen bezeichnet, das seiner Beachtung nicht wert sei, darf dieser Demutsgestus nicht täuschen – Caritas glaubt an die prinzipielle Gleichwertigkeit der Geschlechter und begründet diese in ihrem Dankesbrief an den Dichter biblisch: Gott sei es, der keinen Unterschied mache und beiden Geschlechtern dieselbe Intelligenz geschenkt habe.

Es folgt ein subtiler und doch höchst bedeutsamer Wechsel im Tonfall: Im weiteren Verlauf des Briefes verwirft sie die Rolle der unwürdigen Schülerin und spricht nun den hochgelehrten Doktor und Philosophen als *»Christi discipulum«* an, als Schüler Christi, der in jedem erlittenen Unrecht und Leiden die Möglichkeit erkennen solle, Christus nachzufolgen und seine Passion nachzuempfinden.

Bereits in diesem Brief wird somit deutlich, welch unterschiedliche Referenzpunkte hier im Spiel sind: Celtis stellt Caritas in eine Reihe mit den antiken, heidnischen gelehrten Frauen, Caritas hingegen ermuntert ihn zur Nachfolge Christi; für Celtis ist Roswitha von Gandersheim die Realisierung des germanischen Genius, für Caritas ist sie ein Exempel der Begnadung durch Gott – und ein Beweis für die gottgegebene prinzipielle intellektuelle Gleichheit der Geschlechter. Dennoch bietet die Äbtissin Celtis eine Freundschaft in Anlehnung an das Vorbild des hl. Hieronymus an, der ebenfalls den Lerneifer von Frauen gefördert habe. Sie denkt dabei an eine Verbindung, wie Hieronymus sie mit Paula, Eustochium und Marcella gepflegt hat.

Am 4. April 1502 folgt nun der dritte Akt: Celtis sendet Caritas seine vier »Libri amorum« ins Kloster. Diesen beigefügt sind eine Kopie seiner »Norimberga« sowie seines Hymnus auf den hl. Sebaldus. Man darf sich fragen, was Caritas empfunden haben mag, als sie die wahrhaft sapphische Widmungsode entfaltet, die dieser Sendung beigefügt ist:

»Jungfrau, wohlgeübt in der Römer Sprache,
Aller Frauen seltener Stern und Krone …
O Schwester, unserer schönsten und besten Lieder würdig,
mir auf ewig in Lieb' verbunden,
Caritas, mir glänzende Worte weihend römischer Sprache,
Seltne Zier bist Du in den deutschen Gauen …«

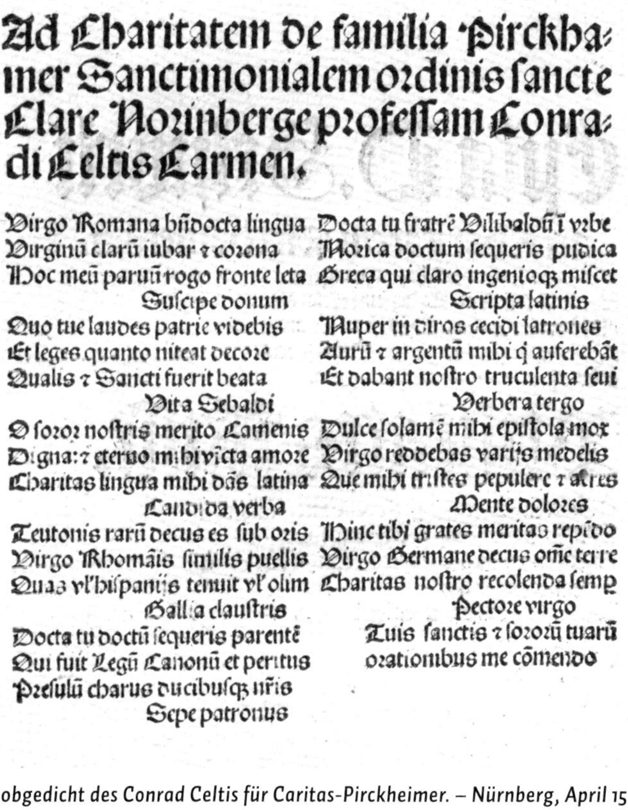
Ad Charitatem de familia Pirckhamer Sanctimonialem ordinis sancte Clare Norinberge professam Conradi Celtis Carmen.

Virgo Romana bñdocta lingua
Virginũ clarũ iubar & corona
Hoc meũ paruũ rogo fronte leta
Suscipe donum
Quo tue laudes patrie videbis
Et leges quanto niteat decore
Qualis & Sancti fuerit beata
Vita Sebaldi
O soror nostris merito Camenis
Digna: & eterno mihi vincta amore
Charitas lingua mihi dãs latina
Candida verba
Teutonis rarũ decus es sub oris
Virgo Rhomãis similis puellis
Quas vel hispaniis tenuit vel olim
Gallia claustris
Docta tu doctũ sequeris parentẽ
Qui fuit Legũ Canonũ et peritus
Presulũ charus ducibusq nr̃is
Sepe patronus
Docta tu fratrẽ Wilibaldũ ĩ vrbe
Norica doctum sequeris pudica
Greca qui claro ingenioq miscet
Scripta latinis
Nuper in diros cecidi latrones
Aurũ & argentũ mihi q auferebãt
Et dabant nostro truculenta seui
Verbera tergo
Dulce solamẽ mihi epistola mox
Virgo reddebas variis medelis
Que mihi tristes pepulere & atres
Mente dolores
Hinc tibi grates meritas rependo
Virgo Germane decus omĩe terre
Charitas nostro recolenda semp
Pectore virgo
Tuis sanctis & sororũ tuarũ
orationibus me cõmendo

Lobgedicht des Conrad Celtis für Caritas-Pirckheimer. – Nürnberg, April 1502

Es ist durchaus anzunehmen, dass Caritas diese Ode mit gewissem Befremden gelesen haben mag, zumal das Werk, dem sie beigefügt ist, die »Amores«, eine nicht gerade alltägliche Büchersendung an eine Ordensschwester darstellt. Nicht allein, dass Venus, Phoebus und Merkur bereits das erste Gedicht bevölkern – das Thema der »Amores« an sich, die unbefangene Darstellung der promiskuitiven Sexualität des Dichters, mag Caritas wohl nicht gerade gefallen haben. Dass in der Aufzählung seiner zahlreichen Geliebten auch eine Frau mit ihrem Taufnamen, Barbara, auftaucht, ist da nur noch ein Detail am Rande. Auch die in seinen »Büchern über die Liebe« vertretene These, in Ovids »Metarmophosen« fände man das Wesentliche über die Liebe zwischen Schöpfer und Geschöpf beschrieben, vermag sie als Ordensfrau nicht zu teilen.

Es ist nicht weiter erstaunlich, wenn die Verbindung zwischen Caritas und Celtis, nur wenige Wochen alt, daraufhin bereits in den vierten und letzten Akt mündet.

IRRITATIONEN

Drei Wochen lässt Caritas verstreichen, bevor sie dem Dichterfürsten eine Antwort zukommen lässt. Ihr Schreiben vom 25. April setzt zwar mit der üblichen Geste der Bescheidenheit ein. Aber – und dies ist bezeichnend – sie wendet sich nicht wie im ersten Schreiben als unbedarfte Schülerin *(exigua alumna)* an den großen Gelehrten, sondern tituliert sich als demütige Beterin *(humilis oratrix)* – eine deutliche Zurechtrückung ihres Selbstverständnisses! Auch wenn sie nun in knappen Worten die zugesandte »Norimberga« als »köstliches Büchlein« lobt, fügt sie doch gleich hinzu: *»delectabilior et suavior mihi ... descriptio ac laudatio patriae coelestis Hierusalem«* – ergötzender und süßer wäre ihr also eine Beschreibung und das Lob der Heimat des himmlischen Jerusalems gewesen, und sie fügt hinzu: Es sei besser, sich den heiligen Schriften zuzuwenden, als sich einer davon losgelösten Überbewertung heidnischer Studien zu widmen.

Ganz offenbar kann sie mit der elegischen Überhöhung ihrer Heimatstadt, mit der Heraufbeschwörung des Aufstiegs und des Triumphes der deutschen über die italienische Kultur ebenso wenig anfangen wie mit dem Ansinnen Celtis', gar sie selbst in den Rang eines »nationalen Symbols« zu erheben.

Zugleich ist der Brief eine glühende Werbung um Celtis, ihr in das Studium der mystischen Theologie zu folgen – auch wenn sie die Höherbewertung derselben über die Wissenschaften nicht als direkte Aufforderung, sondern unpersönlich, als Allgemeinplatz formuliert: *»sed praeferenda est semper mystica theologia ...«*.

Mystische Theologie

Neben der Scholastik existierte im Mittelalter eine Grundströmung innerhalb von Theologie und Frömmigkeit, die einen unmittelbaren und meist emotionalen Zugang zu Gott in den Vordergrund stellte. In Texten, Bildern und in der religiösen Alltagspraxis ging es in der Mystik (griech. *myein*: Augen und Lippen schließen) um den Versuch der *unio*, der Vereinigung mit Gott. Die Aufgabe des eigenen Ich als Voraussetzung für das Verschmelzen mit Gott spielte dabei eine wichtige Rolle. In der sogenannten Brautmystik diente das biblische »Hohelied der Liebe« als exemplarischer Text; man identifizierte die Braut mit der minnenden Seele und Christus mit dem geliebten und ersehnten Bräutigam. Daneben gab es auch mystische Texte, in denen die Vereinigung mit Christus als Kind in der Krippe beschrieben wurde. Häufig brachte man alltägliche Vollzüge mit religiösem Erleben in Verbindung. Das alte Weiblein, das das Feuerholz trug, konnte dies als Nachvollzug der Passion Christi deuten und erleben: Die Last des Holzes wurde dann zur Last des Kreuzes.

Mystische Theologie und mystische Frömmigkeit fanden sowohl in den europäischen Volkssprachen als auch in lateinischen Texten ihren Niederschlag. Für den deutschsprachigen Raum waren etwa Heinrich Seuse und Johannes Tauler, Mechthild von Magdeburg oder Getrud von Helfta prägende Autoren und Autorinnen.

Indem sie in ihren Zeilen die Liebe zu Gott zum Klingen bringt, verbannt sie implizit die gefährlichen Zwischentöne einer möglichen Beziehung zwischen Celtis und ihr.

Caritas muss sich bewusst gewesen sein, damit einen Affront zu begehen. Gegenüber ihrem Bruder, dem sie ihren Antwortbrief vor dem Absenden zur Prüfung vorlegt, merkt sie an, es sei nicht ihre Absicht gewesen, Celtis zu verletzen. Dass ihre Zeilen unbeantwortet bleiben, mag ein Hinweis sein, dass ihr Wunsch nicht in Erfüllung geht.

GLEICH DER CORNELIA, MUTTER DER GRACCEN

Caritas' »Orthodoxie« macht sie für die Humanisten jedoch nicht grundsätzlich uninteressant. Bisweilen scheint gar das Gegenteil der Fall zu sein: Christoph Scheuerl, Neffe des Probstes Sixtus Tucher, widmet ihr im Jahr 1506, also vier Jahre nach dem Intermezzo zwischen Caritas und Celtis, seine Schrift »Utilitates Missae« (»Von den Früchten der Messe«).

In seiner Widmungsschrift vergleicht er die Adressatin mit den Töchtern des Laelius und des Hortensius, schließlich gar mit Cornelia, der Mutter der Gracchen. Auch bei Scheurl begegnet man also einem humanistischen Programm der Mythologisierung der Caritas Pirckheimer.

Ein weiteres, persönliches Motiv Scheurls mag dabei ebenfalls eine Rolle spielen: Indem er die Ordensfrau der realen Sphäre enthebt, ist es ihm möglich, mit ihr auf Augenhöhe und zugleich ohne den Verdacht einer unsittlichen Beziehung zu kommunizieren.

Wie Caritas diese Überhöhung ihrer Person wahrgenommen hat ist bezeichnend: Während sie Identifikationen mit Gestalten der christlichen Tradition annimmt, ignoriert sie ihre Gleichsetzung mit klassischen Figuren der vorchristlichen Antike.

Welche Sonderrolle Caritas in Bezug zu dem damals vorherrschenden Frauenbild einnimmt, lässt sich bei Scheurl deutlich ablesen: »*Deshalb warfst Du Dich … auf die edleren Wissenschaften, zogst der Wolle das Buch, der Kunkel die Feder, der Nadel den Griffel vor, und schwangst Dich weit über die gewöhnliche Fas-*

sungskraft weiblichen Verstandes zu solch einem wissenschaftlichen Höhepunkt hinan, daß Du Briefe schreibst und Reden verfassest, welche durch Feinheit, Eleganz, Korrektheit und Gelehrsamkeit ganz besonders sich auszeichnen und welche, obgleich eine gewisse jungfräuliche Grazie allenthalben uns darin entzückt, dennoch Ernst und Lebensweisheit in wunderbarer Fülle enthalten.«

Die Verbundenheit der beiden zeigt auch das Geschenk eines Rosenkranzes, den sich der gelehrte Doktor 1509 von der Äbtissin wünscht, um ihn *»ständig und bequem an seinem Arm zu tragen«*.

CARITAS' EHRUNG DURCH ERASMUS VON ROTTERDAM

Die Verehrung der Caritas Pirckheimer von Männern wie Celtis und Scheurl wird nicht zuletzt durch die räumliche Nähe zueinander begünstigt. Der Ruhm der Äbtissin ist aber längst auch über Nürnberg hinaus gedrungen. Es ist wiederum ihr Bruder Willibald, dem es zu verdanken ist, dass der Ruf ihrer Gelehrsamkeit sogar Erasmus von Rotterdam zu Ohren kommt.

Erasmus von Rotterdam – der »Fürst der Humanisten«

Am 28. Oktober 1466/7 wahrscheinlich als unehelicher Sohn des Priesters Rotger Gerhard und dessen Haushälterin, einer Arzttochter aus Rotterdam, geboren, trat Erasmus im Alter von etwa 20 Jahren in das Augustiner Chorherrenstift in Steyn bei Gouda ein. 1492 wurde er zum Priester geweiht. Seine Aufenthalte in Frankreich, England, Italien, Niederlanden und der Schweiz machten ihn zu einem Gelehrten von wahrhaft europäischem Rang. Durch die Freundschaft mit Thomas Morus wandelte er sich vom Literaten zum Theologen in der Nachfolge des hl. Hieronymus, dessen Briefe er edierte. Als Folge seiner »englischen Bekehrung« und seiner dort entstandenen Überzeugung, die Kirche werde sich durch die Rückbesinnung auf die Bibel und die Kirchenväter erneuern, erlernte er noch relativ spät in seinem Leben

Griechisch und Hebräisch – beides bis zur Perfektion. 1517 ließ er sich von seinen Gelübden dispensieren. Seine ein Jahr zuvor erschienene kritische Edition des griechischen Neuen Testaments, versehen mit einer durch Überarbeitung der *Vulgata* erstellten lateinischen Übersetzung, sollte Luther später als wichtige Vorlage für dessen Bibelübersetzung dienen.
Bis zum Auftreten Luthers galt Erasmus als führender Gelehrter seiner Epoche. Seine Skepsis gegenüber einer Spaltung der Kirche ließ ihn von Luther abrücken, ohne dass ihm an einer tatsächlichen Konfrontation gelegen wäre. Während jener eine harte Linie gegenüber dem Papsttum vertrat, war Erasmus an inneren Reformen der Kirche interessiert. Seine These über die Existenz eines freien menschlichen Willens besiegelte 1524 endgültig den Bruch mit Luther. Allen Zwistigkeiten dieser Umbruchsjahre versuchte Erasmus aus dem Wege zu gehen. 1529 übersiedelte er etwa nach Freiburg, um den durch Zwingli hervorgerufenen Streitigkeiten in Basel auszuweichen.
Erasmus war überzeugter Pazifist. Dem bedrohlichen Machthunger der europäischen Herrscher, vor allem deren Missbrauch des christlichen Glaubens als Rechtfertigung für Gewalt, setzte er deutliche Worte entgegen: *»Es ist jetzt schon so weit gekommen, dass man den Krieg allgemein für eine annehmbare Sache hält und sich wundert, dass es Menschen gibt, denen er nicht gefällt [...] Wenn man also zuerst nur die Erscheinung und Gestalt des menschlichen Körpers ansieht, merkt man denn nicht sofort, daß die Natur, oder vielmehr Gott, ein solches Wesen nicht für Krieg, sondern für Freundschaft ... geschaffen hat? [...] Wo ist denn das Wesen des Teufels, wenn es nicht im Krieg ist? Warum schleppen wir Christus hierhin, zu dem der Krieg noch weniger passt als ein Hurenhaus?«* Für ihn lag die erlösende Überzeugungskraft des Kreuzes gerade in seiner Gewaltlosigkeit. Am 12. Juli 1536 verstarb er in Basel. Seine letzten Worte auf dem Sterbebett soll er auf Niederländisch gesagt haben: *»Lieve god«* – *»lieber Gott«*.

Erasmus von Rotterdam. – Kupferstich von Albrecht Dürer, 1526. Bildunterschrift: IMAGO. ERASMI:ROTERODA=/MI. AB. ALBERTO. DVRERO.AD/VIVAM.EFFIGIEM.DELINIATA. (Bildnis des Erasmus von Rotterdam von Albrecht Dürer entsprechend einem Bildnis nach dem Leben gezeichnet), THN KREITTΩ.TA.ΣΥΓΓΡΑΜ/MATA.ΔΕΙΞΕΙ (besser zeigen ihn seine Bücher) MDXXVI.

In seinen 1518 veröffentlichten »Colloquia familiaria« lässt Erasmus seine Protagonisten Caritas neben die Frauen des englischen Hauses des Thomas Morus stellen. In einem fingierten Streitgespräch aus dieser Sammlung (»Abbatis et eruditae«) diskutieren eine gelehrte Frau namens Magdalia und ein aller Bildung abholder Abt Antronius über den Wert eines intellektuellen Lebens. Der Abt, den Erasmus in satirischer Weise überzeichnet, lehnt nicht nur für sich selbst ein Leben mit Büchern ab, sondern spricht vor allem den Frauen das Recht ab, sich durch Lektüre zu bilden. Ähnlich wie in dem Text des Christoph Scheurl offenbaren auch die Äußerungen des Abtes die damals vorherrschende Ansicht über die Begrenztheit des weiblichen Intellekts. Die schlagfertigen Erwiderungen gegenüber den Äußerungen des Abtes aber, die Erasmus seiner Protagonistin in den Mund legt, muten nachgerade modern an:

»Antronius: Die Bücher entziehen den Frauen viel von dem Hirnschmalz, von dem sie an sich zu wenig haben.

Magdalia: Wie viel Ihr habt, weiß ich nicht. Ich will jedenfalls das wenige, das ich habe, lieber bei ordentlichen Studien aufbrauchen als in sinnlos gesprochenen Gebeten, in nächtelangen Gelagen und beim Leeren mächtiger Humpen.

Antronius: Der Umgang mit Büchern macht blöde.

Magdalia: Machen Euch die Gespräche mit Saufbrüdern, Possenreißern und Hanswursten nicht blöde? .... Was ist mit Paula und Eustochium? Lasen sie nicht eifrig in heiligen Büchern?

Antronius: Aber heutzutage ist das selten.

Magdalia: ... nicht so selten, wie Ihr glaubt. In Spanien und Italien gibt es nicht wenige sehr vornehme Frauen, die es mit jedem Mann aufzunehmen vermögen. In England gibt es solche im Hause des Morus, in Deutschland in den Familien Pirckheimer und Blarer. Wenn Ihr nicht auf der Hut seid, so wird es noch so weit kommen, daß wir in den theologischen Schulen den Vorsitz führen, in den Kirchen predigen und Eure Mitren in Beschlag nehmen.

Antronius: Das möge Gott verhüten.

Magdalia: Es wird an Euch liegen, das abzuwenden. Denn wenn Ihr so weitertut wie bisher, werden eher die Gänse predigen, als daß man Euch stumme Hirten länger erträgt. Ihr seht, daß die Bühne sich wandelt. Entweder muß man abtreten oder seine Rolle spielen.«

5 Brieffreundschaften: Auf Augenhöhe mit der geistigen Elite

EINE FREUNDSCHAFT DES GEISTES UND NICHT DES LEIBES

Jenseits jener intermezzohaften Begegnungen mit berühmten Humanisten existieren in Caritas' Leben sehr beständige, wahrhaft freundschaftliche Kontakte zu hochangesehenen und gebildeten Männern. Sixtus Tucher (1459–1507) ist einer von diesen. Nach seinem Studium der Theologie und des Kirchenrechts in Heidelberg, Pavia und Bologna übernimmt er 1487 einen Lehrstuhl, 1488 auch das Rektorenamt an der Universität Ingolstadt. Zwei Jahre später kehrt Tucher in seine Heimatstadt Nürnberg zurück, in der sein Vater als Erster Losunger, also als einer der vornehmsten Beamten mit Verantwortung für die Finanzen der Reichsstadt, gewirkt hatte. 1496 wird er schließlich zum Probst von St. Lorenz gewählt. Aus gesundheitlichen Gründen wird er dieses Amt nur acht Jahre ausüben können. Geprägt durch seine Studienjahre in Italien gilt er bis zu seinem Tod 1507 als eine der zentralen Figuren des humanistischen Zirkels der Stadt.

In diese Jahre als Probst fällt seine Freundschaft zu Caritas. Nur etwa 300 Meter liegen zwischen dem Klarakloster und dem Amtssitz des Sixtus Tucher. Und doch ist es eine Brieffreundschaft, die diese beiden Menschen verbindet. Dass sie weitläufig miteinander verwandt sind, ist für ihre Beziehung weniger bedeutsam als die Seelenverwandtschaft, die sich zwischen ihnen entwickelt. Auch wenn sie sich wohl nie von Angesicht zu Angesicht gesehen haben, legen die Briefe doch Zeugnis ab von ihrer großen Vertrautheit und Zuneigung. Nur die Briefe des Probstes, nicht aber die Schreiben der Caritas Pirckheimer sind erhalten: Christoph Scheurl, Tuchers Neffe, gab nach dem Tod seines Onkels im Jahr 1515 eine deutsche Übersetzung dieser ursprünglich lateinischen Briefe als »Viertzig Sendbriefe aus dem Latein in das Teutsch gezogen« heraus.

Sixtus Tucher. – Posthumes Bildnis

Gegenseitige Fürsorge und Mitgefühl werden in diesen Zeilen spürbar; vor allem in leidvollen Stunden von Krankheit, Verlust und Tod lässt man den anderen nicht allein. Als im Mai 1501 Caritas' Vater stirbt, als drei Jahre später ihre Schwägerin Crescentia den Bruder als Witwer zurücklässt, ist Sixtus Tucher in seinen Briefen an Caritas' Seite. Aber auch dann, wenn sie selbst von Schwäche oder Krankheit ergriffen ist, weiß sie sich dem Freund im Fürbittgebet verbunden.

Sie bestärken einander, gerade Krankheit und Schwäche als Gnade Gottes, als geistliche Übung zu verstehen – eine Einstellung, die bei »*Weltmenschen*« kein Verständnis finden würde, wie Tucher an Caritas schreibt. Dennoch hält Sixtus Tucher die acht Jahre jüngere Freundin auch dazu an, es im Krankheitsfall mit der Askese nicht zu übertreiben: »*Ich beger daß du gesund sein sollst.*« Einer von der Vernunft losgelösten Praxis der Selbstkasteiung um ihrer selbst willen kann der Humanist

Tucher nicht das Wort reden. Und dennoch spürt man, wie ernst es ihm ist, eine der Welt abgewandte Existenz zu leben. Auch hier hat er in Caritas offenbar eine Seelenverwandte gefunden: *»Es ist ein gros wunderbarlich dingk, die funcken der begirlichkayt, die von den fackeln der jugent glueen, in kraft der vernunft ausleschen und die eelichen ergetzlichkait und suesikait der kinder verschmehen.«*

Die Briefe Tuchers demonstrieren das spätmittelalterliche Ideal einer platonischen Freundschaft, einer *»freuentschaft mer des geistes, dann des fleischs«*, wie er einmal schreibt. Die Wurzeln für diese Vorstellung liegen im frühen Christentum und der antiken Philosophie: *amicicia* wird hier gedacht als anziehendes Prinzip, als Bindeglied der menschlichen Gesellschaft, ja sogar des Universums. Der Kirchenvater Augustinus und der mittelalterliche Theologe Aelred von Riveaux sehen in ihr sogar das Mittel der Transformation des Menschen zu Freunden Gottes.

Sixtus und Caritas bewegen sich dennoch auf gefährlichem Terrain: auf dem der ebenbürtigen Beziehung zwischen Männern und Frauen – was angesichts der damaligen Überzeugung von der Ungleichheit der Geschlechter eigentlich unmöglich ist. Doch das mittelalterliche Denkgebäude lässt ein Schlupfloch: Frauen können durchaus zu Freunden von Männern werden, wenn sie selbst Männer werden – dies nun freilich nicht im biologischen Sinne! Dennoch konnte man das eigene Frausein gleichsam abstreifen durch rigorose Selbstdisziplinierung, einen strengen Zölibat und Jungfräulichkeit. Den wichtigsten Vordenker für die Möglichkeit einer solchen Beziehung stellt der hl. Hieronymus dar – und es ist sicher kein Zufall, dass der Verfasser der »Vulgata« als Gewährsmann einer intellektuellen Partnerschaft mit Frauen mehrfach in den Briefen des Sixtus Tucher an Caritas eine Rolle spielt.

Die dennoch existierenden Begrenzungen ihrer Beziehung sind beiden schmerzlich bewusst, wie eine Briefpassage zeigt, in der Tucher auf das Paradies als ersehnten Ort der wahren Verwirklichung ihrer Freundschaft verweist: Erst dort würden sie sich von Angesicht zu Angesicht sehen und erkennen.

EINE GESCHWISTERLIEBE ÜBER DIE MAUERN HINWEG

Neben Caritas' Seelenfreund Sixtus Tucher, der sie durch seinen frühen Tod 1503 im Alter von 36 Jahren zurücklässt, gibt es noch einen anderen Mann, den sie immer wieder als ihren »Hieronymus« anspricht: ihren einzigen leiblichen Bruder Willibald Pirckheimer.

Ist Nürnberg eines der strahlenden Zentren der humanistischen Bewegung in den deutschen Landen, so ist dies nicht zuletzt sein Verdienst. Seine internationale Reputation in humanistischen Kreisen verdankt er seinem leidenschaftlichen Interesse an der Antike und am Kosmos lateinischer und griechischer Gelehrsamkeit. Überdies knüpft und pflegt er Kontakte zu den Geistesgrößen seiner Zeit – auch über hunderte von Kilometern hinweg. Diese Impulse von außen sind für ihn wichtig. Freilich gibt es Nürnberger Weggefährten, wie etwa den Stadtschreiber Lazarus Spengler oder seinen engen Freund Dürer, die gewillt sind, sich mit seinen innovativen Ideen auseinanderzusetzen. Auch die Existenz der humanistisch geprägten Sodalitas Staupiziana zeigt die Aufgeschlossenheit vieler für die Ideen des Humanismus. Aber Pirckheimer ist ein durchaus schwieriger Zeitgenosse. Mit zahlreichen Menschen in seiner unmittelbaren Umgebung kommt es immer wieder zu Verwerfungen. Umso wichtiger sind die Verbindungen zur Außenwelt.

Und so wird Pirckheimers Haus am Hauptmarkt zu einer ›intellektuellen Enklave‹ in der Handelsmetropole, zur wichtigsten »Herberge der Gelehrten«, wie Celtis in seiner »Norimberga« schreibt. An seiner Tafel bewirtet er Männer wie Luther, Melanchthon, Hutten, Celtis oder Galeazzo da Sanseverino, der Geldgeber Leonardo da Vincis. An seinem Schreibtisch führt er Korrespondenz mit Pico della Mirandola, Spalatin und Erasmus von Rotterdam. Letzterer schreibt in einem Brief vom 24. Januar 1515 an den *»splendidissimo domino Bilibaldo Pirckheimero«*: *»Quanquam seiuncti sumus, nihil vetat, quominus arctissmima necessitudine copulemur.«* – »Wenn wir auch getrennt sind, so verhindert dies nicht, dass wir in äußerster Notwendigkeit miteinander verbunden sind.«

Porträt Willibald Pirckheimers von Albrecht Dürer, 1503

»Man lebt durch die Kraft des Geistes«: Willibald Pirckheimer

Am 4. Dezember 1470 in Eichstätt als viertes Kind der Barbara und des Hans Pirckheimer geboren, blieb Willibald deren einziger das Kindesalter überlebender männlicher Nachkomme. Sein erster Lehrer war ihm sein eigener Vater, der ihn auf seine zahlreichen Gesandtschaftsreisen mitzunehmen pflegte. Zwischen 1489 und 1495 widmete sich Willibald in Padua und Pavia dem Studium des Rechtswesens und der *Artes liberales*, beschäftigte sich aber zum Unwillen des Vaters zunehmend mit den geisteswissenschaftlichen Strömungen

der Zeit. Sein Interesse richtete sich auf Philosophie, Theologie, Naturwissenschaften, Astronomie und Astrologie, Dichtung, Geschichte, Numismatik und Musik. Dabei setzte er sich vor allem mit dem antiken Gedankengut der Stoa, des Platonismus und des Neuplatonismus auseinander. In seinem Bestreben, aus den Quellen des Altertums bleibende Schätze für die Gegenwart zu heben, nahm er Übersetzungen klassischer griechischer und lateinischer Werke in die deutsche Sprache vor. Das vom Vater ererbte Haus am Hauptmarkt nahe dem Schönen Brunnen wurde zum bedeutsamen Treffpunkt, in der sich nicht nur ansässige Geistesgrößen, sondern auch berühmte Gäste aus ganz Europa einfanden. Pirckheimers Gesellschaft und auch seine hervorragende Bibliothek stellten einen wichtigen Anziehungspunkt dar.
Der Humanist Pirckheimer war neben seinem Wirken als Autor und Förderer der Wissenschaften auch eine politische Figur. Nach seiner Heirat mit Crescentia Rieter 1495 bestimmte er als Mitglied des Rates (mit kurzer Unterbrechung) bis 1523 die Geschicke Nürnbergs mit und tat sich nicht zuletzt als Feldhauptmann im Schweizer Krieg hervor. Auch wenn ihm kein militärischer Sieg gelang, erwarb er sich durch seine kluge Einschätzung der Lage dennoch die Gunst des Kaisers, der ihn zu seinem ständigen Berater ernannte.
Neben dem Austausch mit berühmten Männern wie Erasmus von Rotterdam, Johannes Reuchlin oder Ulrich von Hutten war es vor allem Albrecht Dürer, mit dem ihn eine enge Freundschaft verband. Sein nicht nachlassendes Bestreben, immer wieder geistiges Neuland zu beschreiten, lässt sich im Untertitel des von Dürers Hand geschaffenen Porträts Pirckheimers ablesen: »*Man lebt durch die Kraft des Geistes, alles übrige ist dem Tode verfallen.*«

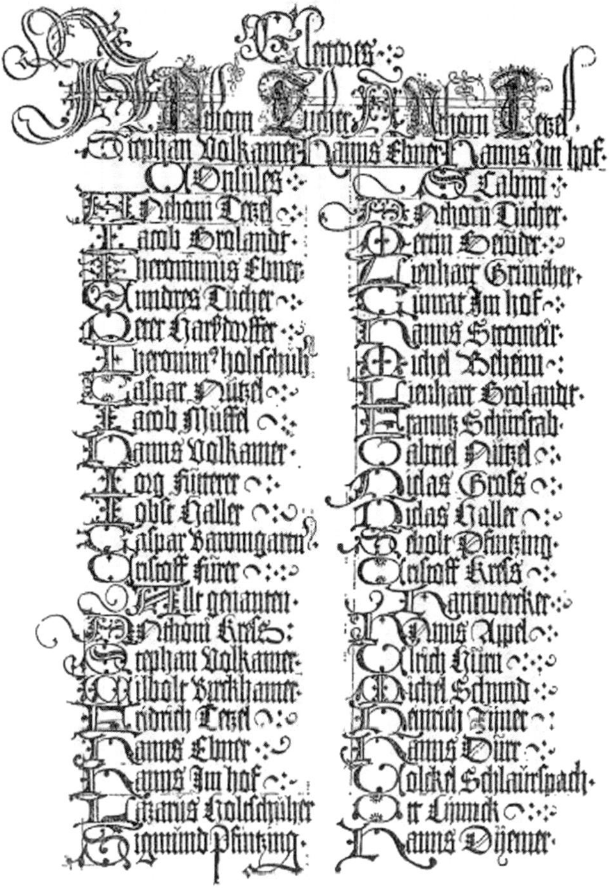

Nennung Willibald Pirckheimers als Mitglied des Nürnberger Stadtrats, 1496

Mit 45 Jahren wird Pirckheimer also von einem der bedeutendsten Zeitgenossen als geistiger Weggefährte eingefordert. Welcher Werdegang hat ihn in eine solch exponierte Position hineinwachsen lassen? In seinen Jugendjahren hatte der Vater ihn der Obhut seines damaligen Arbeitgebers, des Wilhelm von Reichenau, Bischof von Eichstätt, übergeben. Den jungen Willibald zieht es zu einer militärischen Laufbahn – Vater Hans jedoch will davon nichts hören. Es kommt nur zu einem späten militärischen Intermezzo: Lediglich das Kommando über die Nürnberger Truppen im Schwabenkrieg im Jahr 1499 wird an diese Facette von Willibalds Persönlichkeit erinnern. »Deutscher Xenophon« – dieser Ehrentitel, den man ihm danach verleihen sollte, wird eine späte Genugtuung für seine kriegerischen Ambitionen gewesen sein.

Mit 18 Jahren jedoch beugt er sich dem Votum des Vaters, dem eine fundierte Bildung des einzigen Sohnes wichtiger erscheint als militärischer Ruhm. Willibald verlässt Eichstätt und geht nach Italien. Sieben Jahre werden ihm die südlichen Gefilde zur Heimat und zur prägenden Lehrstätte – einen vergleichbar langen Aufenthalt in Italien können nur Agricola und Mutian vorweisen. An der Universität Padua widmet er sich von 1488 bis 1491 dem Studium der Rechte.

Doch Willibalds Interesse gilt immer weniger der Juristerei und immer mehr den humanistischen Studien sowie der Philosophie. Mit glühendem Eifer wirft er sich in die in Padua lebhaft geführte Auseinandersetzung zwischen Scotismus und Thomismus. Als er schließlich sogar mit Giovanni Pico della Mirandola in Kontakt tritt, schreitet der Vater ein und ordnet einen Ortswechsel an: Die Fortführung des Jurastudiums in Pavia soll den Sohn wieder an seine eigentliche Zielsetzung gemahnen!

Vier Jahre später, im Sommer 1495, ruft man Pirckheimer noch vor Beendigung seines Studiums nach Nürnberg zurück. Mit 25 Jahren wartet in der Heimatstadt nun der Ernst des Lebens auf ihn: Im Oktober desselben Jahres geht er eine arrangierte Ehe mit der gleichaltrigen Crescentia Rieter ein, die ihm den Weg in die politische Führungselite ebnet. Im Frühjahr 1496 wird er in den Nürnberger Rat gewählt. Bis auf eine kurze Unterbrechung wird er fortan bis 1523 seiner Stadt als Ratsherr dienen.

Trotz seiner Bewunderung für die Lehren der Stoa bringt ihn sein eigenes Wesen, das seine Zeitgenossen eher als cholerisch denn als sanguinisch beschreiben, immer wieder in

Skizzen von Albrecht Dürer in einem Brief an Willibald Pirckheimer aus dem Jahr 1506

Schwierigkeiten – mehr als einmal muss er seine Ehre verteidigen, mehr als einmal gehen Freundschaften durch sein polterndes Temperament in die Brüche.

Bereits nach siebeneinhalb Ehejahren folgt Crescentia nur wenige Tage nach der Geburt des sechsten Kindes, eines Sohnes, diesem in den Tod. Willibald wird nicht noch einmal heiraten.

Das darauf folgende fröhliche Witwertum trägt ihm manchen Tadel ein – nicht zuletzt von Seiten seiner Schwester Caritas. Andere reizt es zu amüsiertem Spott. Albrecht Dürer, der vielleicht engste und wichtigste Freund Pirckheimers, nimmt ihm gegenüber kein Blatt vor den Mund: In einem Brief vom 13. Oktober 1506 beschreibt er das ungenierte Liebeswerben des Freundes um junge, attraktive Frauen folgendermaßen: »*Ihr sollt euch tagelang schämen deshalb, daß Ihr alt seid und meint, Ihr seid so hübsch. Denn das Buhlen steht Euch an, wie des großen zottigen Hundes Schimpf (Spiel) mit den jungen Kätzchen.*« Willibald wird diesen recht derben Humor aus dem Mund seines Freundes wohl ertragen haben, zumal er durchaus in der Lage ist, mit ebensolcher Münze zurückzuzahlen. Das vielleicht prominenteste Opfer der Pirckheimerschen Scharfzüngigkeit ist Johannes Eck: »Eccius dedolatus« heißt die lateinische Satireschrift, die 1520 kurz nach der Leipziger Disputation erscheint – zu Deutsch: »Der enteckte Eck«. Dieser Text stellt dem Leser den berühmten altgläubigen Theologen, den Gegenspieler Luthers, als unheilbar Kranken vor. Er habe eine Art inneren Brand, ausgelöst durch die Hitzigkeit seines Streitens in Leipzig, der sich auch durch unmäßigen Weinkonsum nicht löschen lasse. Daher rät ihm die Hexe Canidie zu einer Gewaltkur: Doch obwohl man ihn prügelt, einen Wolfszahn zieht, einen Teil seiner gespaltene Zunge amputiert, ihn häutet und entmannt, lautet das abschließende Urteil des Chores, dass eher Himmel und Erde vergehen werden, als dass dieser Patient sich bessern ließe! Die Satireschrift findet eine große Leserschaft – ihre dreifache Auflage bezeugt ihre Popularität. Zugleich ist sie die Ursache, dass Willibald Pirckheimer – ebenso wie Luther und dessen Anhänger – dem päpstlichen Bannfluch anheimfällt, aus dem er sich erst 1522 mühsam lösen kann.

Doch Pirckheimer ist durchaus auch fähig zur Selbstironie: Sein 1522 gedrucktes Werk »Laus Podagrae«, sein »Lob der Gicht«, inspiriert von Lucian von Samosatas »Tragopodagra«, ist eine humorvoll-ironische Verarbeitung der Gichtanfälle, die ihn schon seit Jahren plagen. Dem »Fräulein Gicht« auf der Anklagebank legt er die folgenden Vorwürfe in den Mund, die (beinah) allesamt auf ihn selbst und seinen Lebenswandel zutreffen: *»Meine sauberen Widersacher ... verwünschen die Arbeit wie die Pest, werden durch ... die sinnliche Liebe entnervt, ... reizen die Eßbegierde ohne Unterlass, ... kleiden sich nicht nur stattlich sondern auch seltsam ... dennoch pflegen sie alle Schuld auf mich allein zu schieben.«*

Wenn ihn auch seine Leidenschaften und Eskapaden nicht selten in gesundheitliche und gesellschaftliche Schwierigkeiten bringen – seine größte und ernsthafteste Leidenschaft gilt zeit seines Lebens der Wissenschaft. 1517 schreibt er an seinen Freund Bernhard Adelmann: *»Sed quid vivere refert, si litterarum studio carendum sit...?«* – »Wozu lohnte es sich zu leben, wenn das Studium der Bücher aufzugeben wäre?« Besonders begeistern ihn Geschichtsschreibung und klassische Autoren; zugleich hegt er ein lebhaftes Interesse an Medizin, Geografie und Astrologie. Letztere fasziniert ihn so sehr, dass er für sich und seine Familienangehörigen eigens Horoskope erstellen lässt. Auch wenn er 1515 dem Freund Adelmann gegenüber äußert, er werde sich der Astrologie und aller Form von Zukunftsvorhersage nun enthalten, so ist diese Phase der Abstinenz doch nicht von langer Dauer.

Frühneuzeitliche Astrologie und die Pirckheimerschen Horoskope

In der Renaissance erlebte die Astrologie eine neue Blüte. Oftmals verknüpft mit Astronomie und Medizin, war sie im Leben der Menschen auf vielfältige Weise präsent. So nahm man an, die Zugehörigkeit zu einem Sternzeichen habe einen bestimmenden Einfluss auf die Zugehörigkeit zu einem der vier Temperamente nach Galen. Dieses medizinisch-anthropologische System besagte, dass die jeweilige Dominanz eines Körpersaftes – des Blutes, der schwarzen Galle, des Schleims und der gelben Galle– das Wesen eines Menschen beeinflusse und ihrerseits durch die Sterne beeinflusst sei: Die dem Element Luft zugehörigen Sternzeichen Zwillinge, Waage und Wassermann wurden dem Typ des Sanguinikers zugeordnet; die dem Element Feuer angehörenden Sternzeichen Löwe, Schütze und Widder dem Typ des Cholerikers. Krebs, Skorpion und Fische, regiert vom Element Wasser, gehörten zu den Phlegmatikern, Stier, Jungfrau und Steinbock des Elementes Erde seien Melancholiker. Nicht nur das individuelle Geschick eines Menschen konnte in einem astrologischen Bezugsrahmen gedeutet werden – auch im Hinblick auf das Schicksal des Gemeinwesens, etwa von Städten oder Ländern, orientierte man sich an der Astrologie.

Im Zuge der Reformation schieden sich bei den Vertretern des evangelischen Glaubens die Geister: Während Luther die Astrologie rundweg verwarf, befasste sich etwa Philipp Melanchthon gründlich mit ihr. Er übersetzte etwa das antike astrologische Grundlagenwerk, die »Tetrabiblos« des Ptolemäus. Auch Agrippa von Nettesheim und der Arzt Paracelsus beschäftigten sich mit der Astrologie.

Eine in ein Pergamentblatt eines lateinischen juristischen Druckes eingeheftete Handschrift aus dem Jahr 1513 enthält auf mehreren Blättern für Mitglieder der Familie Pirckheimer erstellte Horoskope aus der Hand mehrerer Verfasser. Neben einem von Johannes Werner für Willibald ausgestellten Horoskop finden sich auch zwei für Caritas– eines aus der Hand ihres Bruders, eines verfasst von Lorenz Behaim. In dem von Willibald für sie erstellten Horoskop lassen sich nach damaliger Vorstellung folgende Elemente herauslesen: Der Merkur im 1. Haus deute auf die bestimmende Kraft des Intellekts; Jupiter im 3. Haus weise auf die glückliche Beziehung zu den leiblichen Geschwistern hin (ein Punkt, der Willibald besonders wichtig gewesen sein mag), Mars im 11. Haus lasse auf Konflikte im Freundeskreis schließen. Die Konjunktion von Sonne und Saturn deute schwierige Lebensumstände an; der negative Einfluss des Saturns werde durch die Dominanz des Widders gemildert, welcher zugleich auf eine energische Persönlichkeit schließen lasse. Der Glückspunkt sei im 7. Haus zu verortet – Zeichen für eine besondere Ausstrahlungskraft.

Das Bemühen um die griechische Renaissance findet sich bei Pirckheimer ebenso wie sein Interesse an okkulten Bereichen der geistigen Welt, etwa an den Büchern über Zauberkünste des Abtes Trithemius, die er – hier wieder in seiner Eigenschaft als Diener seiner Stadt – im Prozess gegen inhaftierte Ketzer einzusetzen gedenkt.

Man könnte glauben, dass dieser Mann von Welt nur wenige Gemeinsamkeiten mit seiner Schwester hinter den Klostermauern gehabt haben wird. Doch das Gegenteil ist der Fall: Es ist ein festes und starkes Band, das die beiden ungleichen Geschwister verbindet. So beschäftigt Pirckheimer auch sein mag – nie vergisst er die drei Jahre ältere Schwester: In seinen Briefen ermutigt er sie, ihr Latein zu verbessern und korrigiert ihre Fehler, er versorgt sie mit patristischen und klassischen Schiften aus seiner Bibliothek, ehrt sie durch die Zueignung von Werken aus seiner eigenen Feder, etwa seiner Übersetzung von Plutarchs »Von der späten Rache Gottes«, und empfiehlt sie seinen berühmten Briefpartnern, die Caritas daraufhin ebenfalls schreiben.

Die briefliche Korrespondenz zwischen Caritas und Willibald, die uns seit dem Jahr 1502 vorliegt, bietet einen guten Einblick in diese Geschwisterbeziehung über die Klostermauern hinweg. Zwei Dinge kehren darin immer wieder: Zum einen Caritas' Dank für erhaltene Bücher, zum anderen ihre Inanspruchnahme des Bruders als Mentor in Fragen der lateinischen Sprache. Dieses auf dem Gebiet der Gelehrsamkeit eindeutig definierte Lehrer-Schülerin-Verhältnis hindert Caritas jedoch nicht daran, ihm in anderen Bereichen durchaus selbstbewusst gegenüberzutreten. Wenn es um die Frage von Recht und Unrecht oder den christlichen Lebenswandel geht, bleibt sie ihren Prinzipien treu. Im Zusammenhang der Vermählung ihrer Nichte Barbara mit Hans Straub – einem reichen und erfolgreichen Geschäftsmann zwar, der jedoch nicht dem Patriziat entstammte – äußert sie ihre Bedenken gegenüber Willibalds freimütigem Bekenntnis, ihm wären solche umkomplizierten Schwiegersöhne aus einfachem Stand allemal lieber als patrizische. In ihrem Brief kritisiert sie überdies den sehr freizügigen Lebenswandel ihres Bruders. Willibald ist empört und macht seinem Zorn literarisch Luft: In seinem »Streitgespräch zwischen der Liebe und der Wahrheit« hält er der Liebe (Caritas) ihre Leichtgläubigkeit gegenüber Gerüchten vor, die ihr ungerechtes Tadeln verursacht hätte.

Härter als sein Zorn mag Caritas jedoch seine andere Reaktion getroffen haben: Schweigen. Beinah zwei Jahre vergehen, bis es der gemeinsamen Schwester Klara, ebenfalls Klarissin zu Nürnberg, 1520 endlich gelingt, die beiden zu versöhnen und Willibald dazu zu bewegen, den Kontakt zu Caritas wieder aufzunehmen.

6 Klosterleben in der Krise: Wie verteidigt man seine Freiheit?

DIE ANFÄNGE DES STURMS

Eingebettet in den intellektuellen Diskurs ihrer Zeit, geachtet und geschätzt von ihren Zeitgenossen, allen voran von ihrem Bruder, hatte Caritas seit 1503 die Geschicke des Nürnberger Klarissenordens klug und liebevoll gelenkt. Nach knapp 20 Jahren, um 1520, beginnen die Zeiten sich jedoch grundlegend zu ändern. Nicht nur andernorts lässt sich bereits das Ende der mittelalterlichen Klosterlandschaft erahnen – auch und besonders in der Nürnberger Gesellschaft fallen die Ideen Luthers, zumal seine Kritik am Klosterstand, auf fruchtbaren Boden. Wenn sich die Durchsetzung des reformatorischen Gedankenguts hier besonders rasch vollzieht, so liegt dies nicht zuletzt an dem engen gedanklichen Austausch zwischen Martin Luther und der Stadtelite. Bei allen Unterschieden gibt es vieles, was die lutherischen Lehren anschlussfähig macht an die humanistischen Ideale, die in Nürnberg im Schwange sind.

Besonders ist dies in einem Zirkel von Intellektuellen der Fall, die sich an Luthers Mentor und Seelsorger Johann von Staupitz orientieren. Ihm zu Ehren bezeichnet sich dieser Kreis als *»sodalitas Staupiziana«*. Beeindruckt durch Staupitz, der bis 1520 als Generalvikar der Deutschen Observantenkongregation wirkte, gründet sich nach dessen Aufenthalten in Nürnberg im Jahr 1517 die dort ansässige, nach ihm benannte Gesellschaft. Deren Mitglieder rekrutieren sich aus der gesellschaftlichen und intellektuellen, humanistisch geprägten Elite der Stadt. Zu diesem Kreis der Staupitz-Verehrer gehören u. a. der Maler Albrecht Dürer, der Stadtschreiber Lazarus Spengler, die Patrizier Anton Tucher, Hieronymus Holzschuher und Kaspar Nützel, der Ratskonsulent Christoph Scheurl, der Theologe Wenzeslaus Linck sowie Willibald Pirckheimer.

Johann von Staupitz, der Beichtvater und väterliche Freund Luthers, vertritt eine Theologie der Gnade, die er etwa in den vielbeachteten deutschsprachigen Büchern »Von der Nachfolge

Die Kirche St. Klara von Süden. – Kupferstich, 1688

des willigen Sterbens Christi« (1515) und »Von der Liebe Gottes« (1518) formuliert. Bis zu seinem Tode im Jahr 1524 hält er an der Möglichkeit der Aussöhnung zwischen den neuen religiosen Kräften und der Papstkirche fest.

Es ist ein bemerkenswerter Umstand, dass viele der Mitglieder dieser Gesellschaft in einer engen Beziehung zu Caritas und ihrem Kloster stehen – so etwa Kaspar Nützel, der Pfleger des Klaraklosters, der sich als erster Übersetzer der 95 Thesen Martin Luthers hervortut. Ein eindeutiges Signal also, dem eine immer stärker werdende Parteinahme dieses Kreises für Luther folgen soll. Diese wird schließlich vollends offenkundig, als man sich nach dem Besuch Luthers in Nürnberg im Herbst 1518 Christoph Scheurl zufolge nun *»sodalitas Martiniana«* nennt. Wie einflussreich dieser Zirkel ist, zeigt die Tatsache, dass ab 1520 neue Ratsstellen vor allem aus seinen Mitgliedern rekrutiert werden. So ist es auch nicht erstaunlich, dass ab 1522 von beinah allen Nürnberger Kanzeln evangelisch gepredigt wird.

Nürnberg zu Beginn der frühen Neuzeit

Zu Beginn des 16. Jahrhunderts befand sich Nürnberg mit seinen rund 40 000 Einwohnern auf Augenhöhe mit anderen europäischen Metropolen. Seine besondere Stellung im Reich lässt sich schon daran ablesen, dass die Noris seit 1423 die Reichskleinodien beherbergte, die Kaiser Sigismund der Stadt *»auf ewige Zeiten, unwiderruflich und unanfechtbar«* anvertraut hatte. Im Zentrum dieser gut organisierten freien Reichsstadt, die allein dem Kaiser verpflichtet war, stand der Kleinere / Innere Rat. Nach einem Bericht des Ratskonsulenten Christoph Scheurl bestand dieses Stadtregiment im Jahr 1516 aus 42 Ratsherren, von denen 34 Mitglieder den ratsfähigen Patrizierfamilien entstammten; acht weitere Ratsmitglieder rekrutierten sich aus dem Zirkel der Handwerksherren. Letztere hatten jedoch keine reale Funktion, da sie keine Ämter bekleiden durften. Die Mehrheit innerhalb des Kleinen Rates hatten die 13 Alten und 13 Jungen Bürgermeister inne. Aus dem Kreis der Alten wählte man die sieben Älteren Herren, aus ihnen drei Oberste Hauptmänner, von denen zwei Losunger (Schatzmeister) waren. Letzteres Amt war das bedeutsamste innerhalb des Stadtregimentes und wurde stets nur für wenige Wochen übertragen. Darüber hinaus existierte der Äußere / Größere Rat, dessen ca. 200 Mitglieder, die sogenannten Genannten, aus dem Bürgertum stammten. Sie mussten als glaubwürdige und unbescholtene Personen bekannt sein. Auch als Künstler oder Handwerker – ab 1509 zählte etwa Albrecht Dürer zu diesem Kreis – konnte man als Genannter berufen werden. Jenen oblagen ehrenamtliche Aufgabenfelder wie etwa die Gerichtsbarkeit, in der sie als Eidhelfer oder Zeugen agierten.

Neben dieser vergleichsweise modernen demokratischen Verfassung der Stadt war Nürnberg auch auf wirtschaftlicher Ebene ein Inbegriff für Innovationen. Seit Mitte des 13. Jahrhunderts hatte ein Strukturwandel eingesetzt: Die ehemals bedeutsamen Wasserwege, auf denen man Erze und Eisen von Südfrankreich bis in den europäischen Osten transportiert hatte, wurden allmählich von den entstehenden Handelsstraßen zu Lande abgelöst. Als *»Spinne im Netz«*, als *»Auge und Ohr Deutschlands«* hatte Nürnberg somit andere Städte des Reiches weit überholt. Die in der Donauregion gelegenen städtischen Zentren Regensburg, Donauwörth, Ulm oder Lauingen verloren zunehmend ihre wirtschaftliche Stärke. Potente Kaufmannsfamilien, unter ihnen die Pirckheimer, erkannten die Zeichen der Zeit und wanderten nach Nürnberg ab. Die neuen Handelswege führten von Venedig über München und Augsburg bis nach Nürnberg, das wiederum nach Norden zu mit Antwerpen und Amsterdam vernetzt war. Im Verlauf des 14. und 15. Jahrhunderts rechnete man zahlreiche Nürnberger Handelsfamilien zu ernsthaften Konkurrenten der Hansen.

Aber nicht allein die geographische Lage begünstigte den Aufschwung; auch der Reichtum an Energie, zum einen durch die Wasserkraft der Pegnitz, zum anderen durch das Holzkohlevorkommen im Reichswald, begünstigten den wirtschaftlichen Aufstieg. Die Handwerker, zumal die metallverarbeitenden Zünfte, profitierten von den Handelsbeziehungen zu den Thüringischen Zinngruben, den Mansfelder Kupfergruben sowie zu den oberpfälzerischen und unterfränkischen Erzgruben. Der bedeutendste Industriezweig war somit der der Waffen- und Messerschmieden, der Silber- und Erzgießereien. Der Erfindungsreichtum der Handwerker, der »Nürnberger Witz« wurde sprichwörtlich: »Nürnberger Tand geht durch alle Land.« Die Erfindung der ersten Taschenuhr durch Peter Henlein oder auch das berühmte Männleinlaufen an der Frauenkirche (seit 1509) sind bekannte Beispiele.

Nürnberg, das sich zum wichtigen Zentrum des Humanismus und der Reformation entwickeln sollte, beheimatete zahlreiche bedeutsame Künstler wie etwa Hartmann Schedel, dessen Weltchronik in der Werkstatt des Anton Koberger gedruckt wurde, den *poeta laureatus* Conrad Celtis, den Schuhmacher und Meistersinger Hans Sachs, den Maler Albrecht Dürer, den Holzschnitzer Veit Stoß oder den Bildhauer Adam Kraft. Kein Wunder, dass Philipp Melanchthon Nürnberg als »ein anderes Athen« bezeichnete!

Freilich gibt es auch die Andersdenken, all jene, die sich nicht der reformatorischen Lehre anschließen wollen: Vor allem sind dies die Ordensgemeinschaften der Dominikaner, Franziskaner und Karmeliter.

Das, was sich da in Nürnberg an Konfliktstoff zusammenbraut, greift mehr und mehr über die Stadtmauern hinaus: 1523 verfasst Willibald Pirckheimer einen offenen Brief an Papst Adrian VI., in dem er Luther und Reuchlin gegenüber Johannes Eck, dem Gegenspieler Luthers, in Schutz nimmt. Abgeschickt wird dieser Brief jedoch nie: Der Empfänger, Adrian VI., verstirbt bereits im Spätsommer des Jahres.

Auch wenn sich diese Verwerfungen in der unmittelbaren Umgebung des Klaraklosters ereignen, so betreffen sie Caritas und ihre Schwestern vorerst noch nicht direkt. Die Schrift »Wie alle Closter und sonderlich Junckfrawen Clöster in ain Christlich wesen möchten durch gottes gnaden gebracht werden«, herausgegeben unter dem Pseudonym »Noricus Philadelphus«, fordert 1524 jedoch nichts weniger als die Umwandlung aller Klöster in christliche Schulen. Wer sich hinter diesem Pseudonym verbirgt, bleibt letztendlich ein Rätsel. Aber es gibt freilich Spekulationen: Ist Kaspar Nützel, der Pfleger des Klaraklosters, in dem seine eigene 18-jährige Tochter Clara als Nonne lebt, der Autor? Oder ist gar an Willibald Pirckheimer zu denken? Auch wenn die Verfasserschaft unklar bleibt, so ist doch die Stoßrichtung umso klarer: Es geht nicht um eine Reform der Klöster – eine solche hätte das seit dem 15. Jahrhundert streng reformierte Klarakloster gar nicht betroffen –, es geht vielmehr um deren grundsätzliche Umwandlung in Bildungseinrichtungen. Alles religiöse ›Beiwerk‹ soll abgeschafft werden. Das für das Volk unverständliche Latein im Gottesdienst habe der deutschen Sprache zu weichen. Zwar könne und solle man betagte Nonnen nicht auf die Straße setzen, doch die jungen Schülerinnen sollten in den Einrichtungen ohne Bindung durch Klostergelübde leben. Schließlich habe Christus, so die Argumentation, nicht gesagt »Ich bin die Tradition!«, sondern »Ich bin die Wahrheit!«

Martin Luther über das Wesen des Klosterstandes

Bereits in seiner lateinischen Schrift »De votis monasticis iudicium« aus dem Jahr 1522 hatte sich Luther kritisch über die Klostergelübde und das Ideal der Keuschheit geäußert. Im Zusammenhang mit der Befreiung von neun Nonnen aus dem Kloster Nimbschen zu Ostern 1523 durch den Torgauer Ratsherrn Leonhard Koppe verfasste Luther wenig später die Schrift »Ursach und Antwort, dass Jungfrauen Klöster göttlich verlassen mögen«. Darin argumentierte er gegen den Klosterstand als Einrichtung, in der junge Frauen gegen ihren Willen, unter Zwang und ohne die von Gott gegebene Gabe der Keuschheit, zu einem Leben genötigt würden, das ihnen nicht entspräche und sie überdies vom Evangelium trennte. Er bezeichnete es als eine »*hohe ... Not, dass man leider die Kinder, vor allem das schwache Weibervolk und junge Mädchen, in die Klöster stößt, sie anreizt und dahin gehen lässt, wo doch keine tägliche Übung des göttlichen Wortes ist, ja, wo selten oder nimmermehr das Evangelium einmal recht gehört wird. Und sie werden doch in den höchsten Kampf gestellt: nämlich um die Jungfrauschaft zu streiten, wobei schwerlich und gar selten sogar diejenigen bestehen, die mit Gottes Wort allenthalben gerüstet und mit hoher, seltener, wunderbarer Gnade herausgehoben sind. Es bedarf der Mühe, die eheliche Keuschheit zu halten, auch mit Beistand des göttlichen Wortes; und dies junge, törichte, unerfahrene Weibervolk wird dahin gestoßen, wo der Streit am härtesten und mächtigsten ist... Was meinst du aber, wie viele Nonnen in den Klöstern sind, wo das tägliche Gotteswort nicht geht, die fröhlich und mit Lust ungezwungen ihren Gottesdienst tun und ihren Orden auf sich nehmen? Sicher unter tausend kaum eine. Was ist's denn, dass du solch ein Kind lässt so sein Leben und alle seine Werke verlieren und außerdem die Hölle damit verdienen«?* Mit seiner Einschätzung des Klosters als einem *»Gefängnis der menschlichen Tyrannei«* stand Luther nicht allein. Ähnliche Formulierungen finden sich etwa auch in der Flugschrift »Ein vermanung aller christe das sie sich erbarme vber die klosterfrawe« aús der Feder des Johann Eberlin von Günzburg, der beklagte, die Jungfrauen kämen *»in irer blüenden vnerfarnen iugend … in ein gefencknüß, dar auß sie nümmer erlöst mögen werden, do sie ire not nit mögen noch bedörffen klagen, vnd ob sy schon clagen, mag in niemand helffen.«*

Besonders das Klarakloster in seiner Vorbildlichkeit gerät ins Visier der Reformatoren: Ist nicht gerade die dort geübte strenge Einhaltung der Ordensregel nichts weiter als die Hybris eines offenkundigen Selbsterlösungswillen?

Noch 1519, beim Fest der Einkleidung der jungen Novizin Clara Nützel, hatte man im Klarakloster sehr freundlich und interessiert über Luthers Ideen gesprochen. Aber der immer rauer werdende Ton gegen die Klöster schmälert diese Aufgeschlossenheit zunehmend.

DER SENDBRIEF AN EMSER 1522

Bereits zwei Jahre vor jener Schrift des »Noricus Philadeliphicus« hatte Caritas Anlass gefunden, ihrem Ärger gegenüber den schwelenden Animositäten gegen das Klosterleben Ausdruck zu verleihen. Am 6. Juni 1522 schreibt sie einen Brief an Hieronymus Emser, der als Licentiat des Kanonischen Rechts zu Leipzig und Geheimsekretär des Herzogs Georg von Sachsen ein prominenter Vertreter des »alten Glaubens« ist. Dass sie ihm in ihrem Schreiben für sein Vorgehen gegen Luther dankt, ist anzunehmen. Der tatsächliche, präzise Wortlaut ihres

Schreibens ist jedoch nicht gesichert, denn als es in die Hände lutherisch gesinnter Gegner gerät, veröffentlichen diese es nicht im Original, sondern erweitert um zahlreiche hämische und zotige Glossen. Gedruckt wird der Brief von Hieronymus Hölzel in Nürnberg unter dem Titel »Eyn Missiue oder Sendbrieff so die Ebtissin von Nürnberg an den Bock Emser geschriben hat«.

Der Rat Nürnbergs ist empört, zumal den Stadtvätern in diesem Brief die Verantwortung für den Glaubenszwist zugeschrieben wird. Noch erzürnter ist jedoch Willibald Pirckheimer, der seiner Schwester bittere Vorwürfe macht. In einem Brief an Emser schreibt er: *»Si pensa tractasset et has turbas aliis reliquisset, non tot erumnis, lachrymis et calamitatibus semet ipsam involvisset.«* – »Wenn sie ihre Gedanken überlegt und diese Verwirrungen anderen überlassen hätte, hätte sie sich nicht in so viel Kummer, Tränen und Schwierigkeiten verwickelt.« Er empört sich weiter: *»Etenim iusta reprehensione non carerem, si illam in hac derelinquerem necessitate …«* – »Dass Du mich übrigens mahnest, dass ich sie in dieser Gefahr nicht im Stich lasse, darin handelst Du pflichtbewusst, obwohl ich mich vor einem gerechten Tadel nicht fürchten würde, wenn ich sie in dieser Notlage verließe …« Dass Willibald in den schwierigen Jahren, die kommen werden, alles andere tun wird, als seine Schwester zu verlassen, wird sich eindrucksvoll zeigen.

DÜSTERE PROPHEZEIUNG

Was Caritas in diesen Monaten bewegt, in denen immer deutlicher wird, dass sich der Konflikt zwischen »Altgläubigen« und den Anhängern Luthers zuspitzt, ist überliefert: Die Äbtissin des Klaraklosters widmet sich – wie schon in ihren Anfangsjahren im Kloster – der Geschichtsschreibung. Nur ist es diesmal ihre eigene Geschichte, ihre eigene Gegenwart, die sie minutiös zu protokollieren beginnt – inmitten einer von Untergangsszenarien geprägten gesellschaftlichen Atmosphäre.

Der Traum des Albrecht Dürer

Zu Beginn der 1520er-Jahre herrschte eine allgegenwärtige Sintflutangst, die sich etwa an Flugschriften mit Sintflutprognosen wie der des Johannes Carion, »Prognosticatio vnd Erklerung der grossen Wesserung …« aus dem Jahr 1522, ablesen lässt. In diesem Kontext ist die Traumvision des Albrecht Dürer zu begreifen. Der Maler fasst sein Traumgesicht kurz nach dem Pfingstfest 1525 nicht nur in Worte, sondern auch in ein Bild:

»Im 1525 Jor nach dem pfinxstag zwischen dem Mitwoch und pfintzdag in der nacht im schlaff hab ich / dis gesicht gesehen wy fill großer wassern vom himmell fillen Und das erst traff das erthrich ungefer 4 meill fan / mir mit einer solchen grausamkeitt mit einem uber großem raüschn und zersprützn und ertrenckett / das gannz lant In solchem erschrack ich so gar schwerlich das ich doran erwachett edan dy andern wasser filn / Und dy wasser dy do filn dy waren fast gros und der fill ettliche weit etliche neher und sy kamen so hoch herab das sy / im gedancken gleich langsam filn. aber do das erst wasser das das ertrich traff schir herbey kam do fill es mit einer / solchen geschwindigkeit wynt und braüsen das ich also erschrack do ich erwacht das mir all mein leichnam / zitrett und lang nit recht zu mir selbs kam Aber do ich am morgn auff stund molet ich hy oben wy ichs / gesehen hett. Got wende alle ding zu besten.«

Die Aufzeichnungen beginnen mit einer für das Jahr 1524 vorhergesagten Katastrophe von endzeitlichem Ausmaß: *»Zu wissen, das etwan lange zeit pronosticirt ist worden auf dy zeit, wen man zellen wirt anno domini 1524 sollt ein große sindfluß kumen …«* Caritas wagt eine eigene Auslegung und verlässt den üblichen Deutungshorizont. Nicht in der Natur, sondern in der Gesellschaft seien unabsehbare Umstürze zu erwarten: *»wywoll solchs gemeynglich auf ein waßersindfluß verstanden ist worden, hat es sich doch […] erfunden, das daz gestyrn nit als gar waßer angezaigt hat als vill trubsal, angst und not und nachvolgent groß plutvergyßen; dann in dem vorgemelten jar hat es sich*

»Traumgesicht«. – Aquarell von Albrecht Dürer, 1525

begeben, das durch dy newen lere der luterey […]vil zwyspaltung in dem cristlichen gelawben sich erhebt haben.«

Wie konkret dies eine Bedrohung und Anfechtung für ihre »grauen Wölflein« darstellt, wie sie die Schwestern liebevoll nennt, wird wenige Zeilen später deutlich: Von ihren Verwandten und Freunden würden die Schwestern hart angegangen – man bestreite ihre Seligkeit und beschimpfe sie gar als Teufelskinder: *»[…] vill leut […] komen […] zu irn freuntyn, dy sy pey uns im closter hetten […] und disputirten unaufhorlich, wy der closterstandt so verdemlich und verfurisch wer und wy nit muglich wer, das man darinnen sellig kundt werden, dann wir wern all des teuffels.«*

Der scharfe Tonfall, die harten Frontlinien, die hier zu Tage treten, lassen sich durch die immer tieferen Gräben verstehen, die seit der päpstlichen Bannbulle gegen Luther aufgerissen wurden. Diese beängstigende Situation, die Caritas für die letzten Monate des Jahres 1524 wohl noch recht allgemein beschreibt, wird für ihr Kloster bald sehr konkret.

Die Bannbulle »Exsurge Domine« – und Luthers Antwort

Als Reaktion auf die 95 Thesen Martin Luthers verabschiedete Papst Leo X. am 15. Juni 1520 eine Bannandrohungsbulle. Zahlreiche der Aussagen Luthers seien *»sowohl häretisch als auch falsch als auch skandalös als auch die Ohren der Gläubigen beleidigend«*. Unter der Überschrift *»Exsurge Domine«* – »Erhebe Dich, Herr« forderte die Kirche Martin Luther auf, 41 der in seinen Werken vertretenen Thesen zu widerrufen. Andernfalls drohe ihm die Exkommunikation. Als Frist gewährte man ihm hierfür 60 Tage. Dem Kirchenvolk verbot man die Verbreitung und die Lektüre jener lutherischen Irrtümer. Anstelle eines Widerrufs verfasste Luther jedoch die programmatische Schrift »Von der Freyheith eines Christenmenschen«, die er im Oktober 1520 zusammen mit einem Sendbrief an den Papst schickte. Diese aus 30 Thesen bestehende Schrift propagierte in Anlehnung an den Apostel Paulus, dass allein der Glaube an Christus rette. Auf dieser Grundlage kommt Luther zu seiner programmatischen und scheinbar paradoxen Definition der evangelischen Freiheit: *»Ein Christenmensch ist ein freier Herr über alle Dinge und niemand untertan. Ein Christenmensch ist ein dienstbarer Knecht aller Dinge und jedermann untertan.«*

Als Reaktion auf die Verbrennung seiner Schriften durch die Papstkirche verbrannte Luther am 10. Dezember 1520 öffentlich die Bannandrohungsbulle. Als Konsequenz erfolgte am 3. Januar 1521 sein Ausschluss aus der Kirche durch die Bannbulle »Decet Romanum Pontificem«, die auch Luthers Anhänger zu Häretikern erklärte.

Davon betroffen waren auf das Betreiben Johannes Ecks auch Nürnberger: der Stadtschreiber Lazarus Spengler, Willibald Pirckheimer sowie der Humanist Ulrich von Hutten. Während Spengler und Pirckheimer sich letztlich erfolgreich um die Aufhebung des Banns bemühten, kam dies für Luther und Hutten nicht in Betracht.

BITTSCHRIFT GEGEN BITTSCHRIFT

Einen Tag nach Lichtmess, am 3. Februar 1525, erscheint die Witwe Ursula Tetzel an der Klosterpforte und verlangt eine Unterredung mit ihrer Tochter Margarete – jedoch nicht, wie die Klosterregel es vorschreibt, am verhüllten Redefenster im Pfortenhaus. Der Forderung der Mutter, sie mit Margarete allein in einem Raum zu lassen, gibt Caritas nicht nach, zumal die 23-Jährige sie anfleht, dies nicht zuzulassen – zu groß ist offenbar ihre Angst, die Mutter könne sie mit Gewalt aus dem Kloster zerren. Schließlich begegnen sich Mutter und Tochter am Hostienfenster – allein, ohne Zeugen. Ursula Tetzels Appell ist klar: Wenigstens auf Zeit solle Margarete, die sie einst mit Bedacht dem Kloster anvertraut hatte, dieses nun umgehend verlassen, bei ihr im Haus leben und dort die evangelische Predigt hören. Dann möge sie entscheiden, ob sie bleiben oder ins Kloster zurückkehren wolle. Margarete weigert sich jedoch, auf den Vorschlag einzugehen und fleht Caritas an, sich an den Klosterpfleger zu wenden.

Umgehend schildert Caritas in einem Brief Kaspar Nützel den Vorfall, notiert jedoch kurz darauf lakonisch in ihren Aufzeichnungen: *»Darauf wart mir kein antwurt.«* Wenige Tage später steht Ursula Tetzel erneut auf der Schwelle des Klosters, diesmal in Begleitung ihrer beiden Brüder Sigmund und Christoph Fürer. Gegenüber der Forderung nach der Herausgabe des Mädchens vertritt Caritas jedoch einen klaren Standpunkt: *»[…] küntten sies uberreden, das sie mit in gen wolt, wolt ich thur und thor aufsperen, wo aber das kindt nit darzu wolt verwilligen, begert ich, das sy keinen gewalt anlegenten.«*

In dieser Pattsituation wenden sich beide Parteien an den Rat. Diesem gegenüber argumentiert Ursula Tetzel nun vor allem mit der Tatsache, ihre Tochter sei *»in irn unverstendigen jarn […] als nemlich 14 jar irs alters in diße gefencktnus kumen ist«*. Caritas hingegen verwehrt sich hiergegen: *»wiewol die warheit, das die tochter jung herein ist komen, so hat sy doch nunmals ire verstendigen und vernunftigen jar erreicht […] Die tochter ist ir auch wider ir gewissen zu volgen nit schuldig […].«*

Ordensleben als Stellvertretung

Mit der Unterwerfung unter die Klostergelübde der Armut, der Keuschheit und des Gehorsams war in der Vorstellung der Zeitgenossen nicht allein das Streben nach der eigenen Seligkeit verbunden. Vielmehr war ein wichtiger Aspekt dieses von den Zwängen des Alltags enthobenen Lebens nicht zuletzt auch die Fürbitte für andere. Den Nonnen und Mönchen oblag in der mittelalterlichen Vorstellung der *communio sanctorum* die Pflicht, für die anderen zu beten. Bedeutsam war dabei nicht zuletzt die Annahme, auch Verstorbenen durch die klösterliche Fürbitte einen Erlass oder Milderung der Zeit im Fegefeuer ermöglichen zu können. Gebetbücher und Korrespondenz aus Klöstern legen davon Zeugnis ab: In einem Neujahrsglückwunsch der Äbtissin Caritas Pirckheimer an Michael Behaim aus dem Jahr 1507/8 berichtet sie ihm, die Schwestern würden ihm als Gönner ihres Klosters 5000 Ave Maria zu Neujahr beten; die Gartenmeisterin des Konvents, die Behaim mit Brettern für den Garten versorgt habe, hätte bereits 15 Mal den Rosenkranz für ihn gebetet, zehn Mal den römischen Ablass für ihn erwirkt und 25 Vigilien für seine Vorfahren gesprochen.

In einem Gebet aus dem Gebetbuch des Nürnberger Klaraklosters heißt es: *»Ich bitte dich, ewiger, himmlischer Vater, für die Seelen meines Vaters und meiner Mutter und für die Seelen aller meiner Freunde und Wohltäter, seien sie lebendig oder tot.«* An anderer Stelle des Nürnberger Gebetbuches werden die Klarissen aufgefordert, je eine Vigil nicht allein für die eigenen Eltern sondern für *»alle gläubigen Seelen, deren Jahrtage in diese Zeit gefallen sind«*, zu beten.

Dieser Vorstellungskomplex der stellvertretenden Fürbitte konnte erstaunliche Ausmaße annehmen: Von Christine Ebner (gest. 1356), eine Nonne aus dem Konvent Engelthal nahe Nürnberg, ist überliefert, sie habe durch ihre Gebetsleistungen die Erlösung von 23 710 200 Seelen erwirkt.

DAS RELIGIONSGESPRÄCH AUF DEM RATHAUS

Es ist ein Ereignis von großer Tragweite, das zunächst eine direkte Stellungnahme von Seiten der Stadtväter verhindert: das sogenannte Nürnberger Religionsgespräch. Unter der Ägide des Ratskonsulenten Christoph Scheurl lädt der Rat Anhänger des alten und des neuen Glaubens auf das Rathaus. Man wolle sich zu einem klärenden Gespräch treffen – zu einem Gespräch in deutscher Sprache, beileibe nicht zu einer lateinisch geführten Glaubensdisputation, denn Disputationen sind bis zur Abhaltung eines allgemeinen Konzils streng untersagt.

Zu dieser *»freuntliche[n] cristliche[n] unterred«* sind nicht nur die führenden Köpfe der beiden im Streit liegenden Glaubensrichtungen geladen. Auch an die 200 »Genannte« sowie die Mediziner und Rechtsgelehrten der Stadt drängen sich im Tanzsaal des Rathauses, um den Diskurs zwischen evangelischen Predigern wie Andreas Osiander oder Johannes Poliander mit ihren altgläubigen Kontrahenten, vornehmlich Vertretern der Orden, wie etwa den Franziskanern Michael Fries oder Lienhard Ebner, zu verfolgen.

Was ist rechter Glaube? Welche Bedeutung hat die Bibel? Was gelten die Traditionen der Kirche? – jeder dieser Tagesordnungspunkte besitzt das Potential, den öffentlichen Frieden zu gefährden. Zu Caritas und ihren Schwestern dringen nur Gerüchte über den Verlauf dieser Zusammenkunft vor. Diese jedoch sind beängstigend genug: Kaum mag man glauben, dass der Rat sich genötigt sieht, den Ordensmännern nach Ende des Gesprächs einen Geleitschutz, bestehend aus Bogenschützen und Stadtknechten, zu gewähren, um sie vor der Wut der Menge zu schützen. Man weiß nicht, ob die Leute die Drohungen, die sie vor den Fenstern des Rathauses ausstoßen, wahr machen würden: Man möge ihnen die Mönche nur ruhig zum Fenster hinauswerfen, man wisse schon auf die rechte Weise mit ihnen zu disputieren!

Auch wenn das Gespräch sich über beinah zwei turbulente Wochen erstreckt, ist der Ausgang im Grunde von Anfang an absehbar: Bereits in seiner Eröffnungsrede hatte Ratkonsulent Christoph Scheurl das Schriftprinzip zur allein entscheidenden Instanz erklärt – einer Instanz, die von der Bürgerschaft selbst gefordert werde: *»das di kinder auf der gassen, zu geschweigen der weiber, schreyen: ›Schrifft, schrifft!‹, wirdet fur hochnotwendig [...] bedacht, das ir in disem euren colloquio bebst, concilia, vetter, tradicion, [...] gepreuch, gewonheit, alt herkommen und was des dings auff dem wort Gottes nicht gegrunt ist, ruhen lasen ...«*

Am 14. März 1525 fällt schließlich die auf jenem Schriftprinzip gegründete Entscheidung: *für* die Reformation.

DER ENTZUG DER SAKRAMENTE

Hatte sich Caritas im Februar noch um das Schicksal einer einzelnen Nonne gesorgt, steht nun durch die Entscheidung auf dem Rathaus die Zukunft des gesamten Konvents auf dem Spiel. Auch wenn bereits im Advent des Vorjahres den Barfüßermönchen nahegelegt wurde, ihr Beichtväteramt im Klarakloster niederzulegen, ergibt sich nun eine ganz neue, verschärfte Situation: Als Ergebnis des Religionsgesprächs ergeht am 17. März das unmissverständliche Verbot an die Bettelorden, in den Frauenklöstern zu predigen und die Beichte zu hören.

Nicht allein das Verbot selbst, auch die Art und Weise, in der es dem Konvent mitgeteilt wird, bedeutet einen tiefgreifenden Einschnitt im Leben und Selbstverständnis des Klosters: Am Sonntag Oculi, dem 19. März 1525, fordern Christoph Koler und Bernhard Paumgartner als Abgesandte des Rates Einlass ins Kloster. Zum ersten Mal in der Geschichte des Konvents wird die strenge Klausur durchbrochen: Im Winterrefektorium stehen sich Ratsherren und Nonnen direkt gegenüber, als Koler und Paumgartner das Ende des Beichtväteramts der Franziskaner verkünden. Caritas verwehrt sich gegen den Entzug der Mönche als Seelsorger der Klarissen – und die beiden Ratsherren sehen sich schließlich einer Schwesternschaft gegenüber, die sich geschlossen hinter ihre Äbtissin stellt: *»Do stund der gancz convent auf und gab mir gezugtnus, das es ir aller meynung wer, wy ich geredt het«*, notiert Caritas.

Aber die Standhaftigkeit der Klarissen vermag die Ratsgesandten nicht umzustimmen: Noch am selben Abend veranlassen sie, dass die Franziskaner das Beichthaus des Klosters räumen. Ein einziges Mal wagen diese die heimliche Rückkehr dorthin: Am Benediktstag, dem 21. März, am Geburtstag der Äbtissin, suchen sie noch einmal die Schwestern auf, um mit ihnen das Abendmahl zu feiern. Dies wird das letzte Mal sein, dass die Nonnen von St. Klara die Hostie empfangen. Die Eckpfeiler ihrer seit Jahrhunderten gelebten *›praxis pietatis‹* eines heilsamen christlichen Lebens, sind den Schwestern nunmehr entzogen: Abendmahl, Beichte und letzte Ölung.

EIN KONVENT AUF DEN KNIEN

In dieser schwierigen Situation wendet Caritas sich nochmals an denjenigen, der von Amts wegen für die Belange des Klosters zuständig ist – an den Pfleger Kaspar Nützel. Dessen zunehmende Entfremdung von den Anliegen der Nonnen war in den Wochen zuvor nicht zu übersehen gewesen; dennoch wagt die Äbtissin einen weiteren Vorstoß. Bei einem Besuch im Kloster lehnt er es jedoch erneut ab, dem Rat eine neu verfasste Bittschrift des Konvents in Gänze vorzulegen. Höchstens ein, zwei Punkte sei er bereit, mündlich zu übermitteln. Als Nützel sich zum Gehen wendet, kommt es zu einer peinlichen Szene: *»do lyeffen dy swester zu im wider ir gewonheit, knytten fur in nyder und fyellen im zu fussen und patten in […] daz er uns wollt helfen.«* Diese offenkundig gezeigte Verzweiflung verstärkt Nützels Ärger jedoch zusätzlich: Er reißt sich von den ihn anflehenden Schwestern los, um noch einmal mit Caritas allein zu sprechen. Nicht nur deren Unbeugsamkeit, auch ein neuerlicher Kniefall seiner Tochter Clara, die ihn am Gehen hindern will, treiben einen weiteren Keil zwischen die Schwesternschaft und ihren Pfleger.

Auch wenn Caritas sich brieflich für das Verhalten der Schwestern entschuldigt und versichert, so etwas werde nie wieder vorkommen – in der Sache bleibt sie ihren Forderungen treu. Auch wehrt sie sich gegen den Vorwurf, man sei für die Aufstände der Bauern verantwortlich: Nicht einmal ein Brotmesser, geschweige denn ein Schwert möge um der Schwestern von St. Klara willen aufgehoben werden! Dennoch wird immer

Mutmaßliches Porträt Kaspar Nützels von Albrecht Dürer, 1517

Kaspar Nützel

Der Pfleger der Klarissen (1471–1529) entstammte einem der ältesten und bedeutendsten Nürnberger Patriziergeschlechter. Nach dem Tode seines Vaters Gabriel Nützel im Jahr 1501 ersetzte ihn der damals 30-jährige Kaspar kurz darauf im Nürnberger Rat. Sein Studium der Jurisprudenz in Italien befähigte ihn, seine Heimatstadt in äußeren und inneren Belangen zu beraten. Seit 1524 ernannte man ihn in der Nachfolge des Anton Tucher zum Zweiten Losunger. Als Anton Tetzel 1514 wegen des Verdachts der Untreue beim Rat in Ungnade fiel, übertrug man Kaspar Nützel dessen Amt des Klosterpflegers zu St. Klara. Dieses übte er bis zu seinem Tod aus – trotz der Meinungsverschiedenheiten, die sich zwischen ihm und Caritas Pirckheimer durch seine Hinwendung zur Reformation entwickelten. Diese Verwerfungen wurden noch durch die Tatsache verstärkt, dass Kaspar Nützel gemeinsam mit seiner Ehefrau Klara die Herausgabe ihrer Tochter aus dem Klarissenkonvent gegen deren eigenen Willen ins Werk gesetzt hatte. Auch wenn sich Nützel durch die Vermittlung Melanchthons ab November 1525 in der Lage sah, die Klarissen als ihr Pfleger gewissenhaft weiter zu unterstützen, machte er diese Entscheidung nicht rückgängig.

Als Mitglied der »*sodalitas Staupiziana*« stand er dem humanistischen Gedankengut und sehr früh schon auch den Ideen Luthers aufgeschlossen gegenüber. Die anonym abgefasste Schrift »Wie alle Klöster ... in ein christlich Wesen möchten gebracht werden« ordnen daher manche Historiker dem Ratsherrn Nützel zu. In dieser Programmschrift wird die reformatorische Umgestaltung der Nürnberger Frauenklöster in evangelische Erziehungseinrichtungen gefordert – etwa durch die Lektüre evangelischer Schriften, der Feier der Messe in deutscher Sprache, den Empfang des Abendmahls in beiderlei Gestalt und vor allem durch die Aufhebung der Klostergelübde.

deutlicher, dass es auch Caritas zunehmend schwer fällt, darauf zu hoffen, dass man Gehör finden werde. *»sy wöllen nit rw haben, piss y nunnen und munch auß der stat predigen und ein kugelplacz [Kegelbahn] auß unserm closter gemacht werdt«*, lautet die bittere Einschätzung der Äbtissin kurz vor dem Einzug der evangelischen Prediger im Kloster.

In der Woche vor Ostern schließlich hält Johannes Poliander die erste evangelische Predigt. Zur Anwesenheit gezwungen, erleben die Schwestern eine *»marterwoche«*, in der schließlich auch Dominicus Schleupner und Andreas Osiander für *»groß geleuff, geschrey und unrwe in unsßer kirchen«* sorgen. Man kann sich die Fassungslosigkeit der Nonnen vorstellen, die sich anhören müssen, wie die Prediger die Leute dazu auffordern, *»das sy uns gotloß volck gancz außdilgten, dy closter zerrissen, ... dann wir wern in einem verdemlichen standt, keczerin, abtgotterin, gotslesterin und mussten ewiglich des teuffels sein«*.

»DU WÜRDEST DIE TRÄNEN KAUM ZURÜCKHALTEN« – WILLIBALDS HILFERUF

Pfleger Nützel ist ganz offenbar keine Stütze in dieser prekären Situation – ganz im Gegenteil. Doch Caritas' Bruder steht trotz aller vergangenen Konflikte an ihrer Seite. Er handelt dabei jedoch keinswegs als glühender Befürworter des Klosterstandes – sondern aus seiner humanistisch geprägten Überzeugung heraus, dass kein Mensch in Fragen des Glaubens gegen sein Gewissen gezwungen werden dürfe. Mit dieser Ansicht steht er allerdings nahezu allein. Wen er sich als Verbündeten, als Streiter für die Klarissen zur Hilfe holt, ist mehr als erstaunlich: Es ist Philipp Melanchthon, Professor zu Wittenberg, Vertrauter und Mitstreiter Martin Luthers. Vielleicht hofft oder ahnt Willibald, dass Melanchthon trotz seiner reformatorischen Gesinnung ebenso wie er selbst vor allem dem humanistischen Freiheitsideal verpflichtet ist. Ganz offenbar setzt er bei seinem Adressaten die nötige Emotionalität und intellektuelle Einsichtigkeit voraus, um seine Worte zu verstehen: *»Ich bin gezwungen, mich zu dir, mein Philipp, zu flüchten, um dich um deine Hilfe anzuflehen. Vor Jahren sind zwei meiner Schwestern und eine Tochter in den Konvent zu St. Klara eingetreten, damals mit meiner Erlaubnis. Denn, wie ich ehrlicherweise gestehen muss, irrte ich wie alle anderen, als ich dachte, ich riete ihnen gut, ins Kloster einzutreten … Ihre franziskanischen Beichtväter hat der Rat ihnen genommen. Seit vierzig Tagen entbehren sie der Beichte und des Abendmahles. In der Zwischenzeit haben sie sich den neuen Predigern zu unterwerfen, … Diese jedoch, wenn sie sich nicht genügend beachtet fühlen, beginnen zu schmähen und zu wüten und den Zorn der Leute gegen die Ärmsten anzufachen … Eins weiß ich gewiss: Wenn du hier wärst und all diese Gaunereien und Täuschungen, Verleumdungen und Machenschaften sähest, mit denen jene Elenden täglich gequält werden – du würdest die Tränen kaum zurückhalten können.«*

Doch eine Antwort aus Wittenberg bleibt aus, so sehr man in Nürnberg auch darauf hofft – denn Pirckheimer hat in seinem Brief an Melanchthon nicht übertrieben. Seine Sorge um die Sicherheit der Schwestern ist mehr als begründet, denn die

Nonnen fügen sich keineswegs in ihr Schicksal: Das Klarakloster ist der einzige Konvent in ganz Nürnberg, der sich trotz Verbotes nicht vom Glockenläuten zu den Stundengebeten abbringen lässt. Und der Preis, den die Klarissen dafür zahlen, ist hoch: Immer neue nächtliche Übergriffe ereignen sich, bei denen Kirchenfenster zu Bruch gehen und den Schwestern wütende Beleidigungen über die Mauern zugerufen werden: Sie seien noch viel schlimmer als die gemeinen Frauen jenseits der Mauer – also die käuflichen Mädchen, die in der Frauengasse nahe des Klosterareals leben.

Nicht nur die Spottlieder und Drohungen machen den Nonnen Angst. Besonders die Nachricht von der kurz zuvor stattgefundenen Vertreibung der Schwestern aus den Klöstern Pillenreuth und Engeltal verstärkt ihre Furcht. Doch ihr Eigensinn ist offenbar stärker als ihre Angst: *»Aber wir wogten es imer auf dy genad gottes, lyeßen keyn nacht on geleudt«*.

In dieser den öffentlichen Frieden gefährdenden Situation muss der Rat handeln; die Auflösung anderer Klöster und auch die Umwandlung des Nürnberger Katharinenkonvents in ein »offenes Kloster« haben Unruhe und sittliche Missstände ausgelöst. Nachdem den Verwandten der Nonnen dort der offene Zutritt gewährt worden war, war es Anfang Juni zu einer Aufsehen erregenden Episode gekommen: Der Prediger Thomas Venatorius hatte sich verkleidet ins Katharinenkloster eingeschlichen, die Nonnen dort zum Austritt genötigt und mehr als einer von ihnen die Heirat angeboten. Danach hatte er in der Stadt die Schwestern als unzüchtig verleumdet.

Ganz offensichtlich sucht man nicht zuletzt auf Grund dieses Vorfalls nach einer anderen Lösung für St. Klara. In der Pfingstwoche, am 7. Juni 1525, sendet man erneut eine Delegation zu den Schwestern und stellt diese vor die Wahl: Entweder sind sie dazu bereit, sich fünf neuen Artikeln zu beugen – in diesem Falle werde sich der Rat schützend vor sie stellen und sie vor dem Volkszorn bewahren (*»kundten sye uns dester paß vor der gemeyn beschuczen und beschyrmen«*); andernfalls müsse man sich darauf einstellen, dass man *»weder uns noch unßer closter nymer erhallten«* würde.

Bauernunruhen im Nürnberger Umfeld

Auch wenn das Nürnberger Land kein Schauplatz großer Schlachten des Bauernkrieges wurde, so gab es doch auch dort vereinzelt Unruhen. Seit Ende Mai des Jahres 1524 hatten sich immer wieder Bauern im Nürnberger Land versammelt, und an vielen Orten hatte man den Zehnt verweigert. Innerhalb des Nürnberger Rates wuchs die Sorge, die Aufstände könnten auf die Stadt übergreifen: *»[A]ls sich nun die auffruhr von Tag zu Tag mehreten ann allen orthen, haten [die] herren solichs auch in dieser stadt sorg, denn jedermann unter dem gemeinen volckh war auf der Bauren seiten.«* Um die drohende Verbündung zwischen Bauern und Stadtbevölkerung zu verhindern, stellte der Rat am 8. Juni 1524 700 Knechte ab, um die Situation zu kontrollieren. Durch einen Appell an die Bürgerschaft und die Hinrichtung dreier Personen (dem sogenannten »Bauern von Wöhrd« sowie den Tuchknappen Hans und Ulrich Ueberlein) wegen aufrührerischer Rede am 5. Juli 1524 ließen sich die Unruhen weitgehend eindämmen. Dennoch kam es auch in den folgenden Monaten im Nürnberger Umland weiterhin vereinzelt zu Zehntverweigerungen und -verbrennungen.

Im Herbst 1524 sorgten die durch Thomas Müntzer und Andreas Bodenstein von Karlstadt beeinflussten Maler Sebald Beham, Barthel Beham und Georg Pencz für weiteren Aufruhr. Die »drei gottlosen Maler« wurden jedoch nicht hingerichtet, sondern lediglich der Stadt verwiesen.

Die fünf neuen Forderungen, die die Schwestern binnen vier Wochen umzusetzen haben, sind einschneidend: 1. Alle Schwestern müssen von ihren Klostergelübden entbunden werden; 2. Jede Schwester hat das Recht, zu gehen, bzw. ihre Eltern haben das Recht, ihre Töchter zu holen; 3. Der Klosterhabit muss gegen weltliche Kleidung eingetauscht werden; 4. Gesichtsfenster müssen die Redefenster ersetzen; 5. Ein Inventar aller Klosterbesitztümer muss erstellt und vorgelegt werden.

Caritas' Erwiderung auf diese Weisungen ist differenziert: Im Hinblick auf die Kleiderfrage äußert sie zwar praktische Bedenken, was die rasche Befolgung dieser Anweisung anbelangt, hält aber auch fest, dass *»uns dy kutten nit sellig machet«*. Mit Blick auf die Gelübde und das Recht der Eltern, ihre Kinder aus dem Kloster zu nehmen, erteilt sie den Ratsherren hingegen eine scharfe Absage. Sie selbst habe keine Befugnis, die Schwestern von ihrem Klostergelöbnis zu entbinden, das sie schließlich nicht vor ihr, sondern vor Gott abgelegt hätten. Die Rechtmäßigkeit einer *elterlichen* Entscheidungsgewalt sei darüber hinaus in diesem Punkt mehr als fragwürdig.

Doch noch während die Schwestern sich um ein Entgegenkommen gegenüber dem Rat in der Kleiderfrage bemühen, erschüttert eine neue Nachricht den Konvent: Kaspar Nützel und Hieronymus Ebner lassen ihren Töchtern Klara und Katharina ausrichten, sie beide müssten sich nicht um neue Kleidung bemühen – man werde sie in der kommende Woche ohnehin aus dem Kloster holen.

VERLEUMDUNGEN

Am Montag, dem 12. Juni 1525, fährt ein Wagen vor dem Kloster vor. Vier Nürnberger Patrizierinnen – die Ebnerin, Fürerin, Nützelin und Tetzelin – fordern, in die Klausur eingelassen zu werden, um mit ihren Töchtern bzw. ihrer Nichte zu reden. Caritas weigert sich: Der Rat habe ihr kein offenes Kloster vorgeschrieben. Überdies wünschten die Töchter nicht mit ihren Müttern, sondern mit ihren Vätern zu sprechen. Diese Reaktion erzürnt die Frauen nur noch mehr: *»Wurden sy zornig, sagten, was es ir vetter anging, sye hetten dy kinder getragen und wern in sawr worden.«* Das Angebot, mit ihren Töchtern am Sakramentenfenster in der Kapelle zu sprechen, kommt für die Mütter nicht in Frage – unter Drohungen nehmen sie Abschied.

Am nächsten Tag liegt dem Nürnberger Advokaten Niklas Haller eine Anklage vor. Die Pirckheimerin habe *»spyczig, stolz und heftig«* ihnen ihre Kinder *»mit gewallt wider eins erbern rots befehl vorgehallten«*. Das empörende hierbei sei, dass Caritas andere Frauen sehr wohl ins Kloster eingelassen habe.

Der Konvent sitzt gerade noch zu Tisch, als kurze Zeit später zwei Ratsherren, diesmal Sebald Pfinzing und Andreas Imhoff, erscheinen und Caritas mit diesen Anschuldigungen konfrontieren – nicht ohne den Zorn des Rates zu betonen. Caritas gelingt es, sich mit nüchternen Worten zur Wehr zu setzen und den Sachverhalt aus ihrer Perspektive zu schildern. Den beiden Ratsherren wird schnell bewusst, dass die Äbtissin zu unrecht beschuldig wurde, und Haller räumt ein, er habe den Anklagen ohne weitere Prüfung auf ihren Wahrheitsgehalt Glauben geschenkt – *»er habe darfur gehabt, sye sagten wor«*.

»HIER STELLE ICH EUCH MEINE ARMEN WAISLEIN HIN«: DER ABSCHIED

Nur zwei Tage später, am Vorabend des Fronleichnamfestes, eine Stunde vor dem Abendessen, schicken die Mütter von Katharina Ebner, Margarete Tetzel und Klara Nützel Boten ins Kloster: Ihre Töchter sollten sich bereit machen – binnen Stundenfrist würden die Mütter ins Kloster kommen, um sie zu holen. Diesmal jedoch kämen sie nicht allein. Man werde ein entsprechendes Aufgebot bei sich haben, um notfalls mit Gewalt den Willen der Mütter durchzusetzen.

In aller Eile sendet Caritas eine Servitiale aufs Rathaus und verlangt, der Rat möge umgehend Zeugen ins Kloster schicken. Zwar kann die Äbtissin das Unrecht nicht verhindern – aber sie wird zumindest Sorge tragen, dass es sich nicht im Verborgenen, sondern im Licht der Öffentlichkeit ereignen wird.

Die drei jungen Nonnen bitten Caritas, sich verstecken zu dürfen. Doch die Äbtissin kann dies nicht erlauben – zum einen auf Grund der Gefahr, die eine gewaltsame Durchsuchung des Klosters für alle Schwestern mit sich brächte, zum anderen wäre das Unterfangen wohl sinnlos: Wenige Tage zuvor, am 11. Juni 1525, war Ursula Derrerins Versuch, sich im Katharinenkloster vor ihrer Familie zu verbergen, bereits gescheitert.

Angetan mit weltlichen Kleidern, schlichte Hauben auf den kahl geschorenen Köpfen, erwarten die drei jungen Frauen schließlich in der Kapelle die Ankunft ihrer Mütter. Als diese mit zwei Wagen in der Klaragasse vorfahren, scheint sich das zu erwartende Schauspiel bereits herumgesprochen zu haben: *»[D]yweyl was daz geschrey unter daz gemeyn volck kumen; dy samelten sych in großer menig«* – ganz so als wolle man einer Hinrichtung beiwohnen, wie Caritas in den »Denkwürdigkeiten« festhält. Die Anwesenheit der Menge ist den Müttern unangenehm. Ihrer Forderung, man möge ihnen die Mädchen nicht auf dem Kirchenvorplatz sondern an der rückwärtigen Gartenpforte ausliefern, gibt Caritas jedoch nicht nach. Dennoch können weder die Äbtissin noch die als Zeugen herbeigeeilten Ratsherren Sebaldus Pfinzing und Andreas Imhoff verhindern, dass die Mütter ihre Töchter aus der Klausur hinaus zu sich in die Kirche befehlen.

Ursula Tetzel, eine ihrer Töchter und ihre Schwägerin, die Frau des Sigmund Fürer, Helena Ebner in Begleitung ihres Bruders Linhart Helt und Klara Nützel, begleitet von einem Trupp gedungener Landsknechte, stehen nun in der Klarakirche den drei jungen Nonnen gegenüber. Eine der drei, Katharina Ebner, versucht sich zur Wehr zu setzen. *»[D]apfferlich und bestendiglich«* prangert sie an, dass die Eindringlinge *»so großlich wider das heilig ewangelium handelten«*. Auch wenn die anwesenden Ratsherrn von Katharinas Mut und Eloquenz beeindruckt sind, lassen die Mütter sich nicht erweichen, sondern *»wollten ihn wol leut schicken, die in starck genug wern, man must in hendt und fuß zusamenpinten und sie hynaustragen wie die hundt«*.

Auf die Bitte der Ratsherren, Caritas möge die Nonnen von ihren Gelübden entbinden und so einen friedlichen Abschied ermöglichen, entgegnet sie noch einmal, dass die Schwestern diese nicht vor ihr, sondern vor Gott abgelegt hatten. Katharinas letzter Satz, ausgerechnet ein Zitat Luthers aus einer Rede auf dem Reichstag zu Worms, führt schließlich zur Eskalation: *»Da stee ich und will nicht weichen.«*

Linhart Helt zerrt Katharina die Stufen des Altars herab, die Mütter kommen ihm zur Hilfe. Helena Ebner schlägt ihre Tochter so hart auf den Mund, dass diese blutet. Die Hemden der drei werden zerrissen, Clara Nützel gewaltsam die Stufen hinuntergeworfen – *»stunden die pößen weyber da und gesegnen-*

ten ir döchter hynnaus in aller rytten [Teufel] nomen.« Vor der Kirche werden sie zu den wartenden Wägen gebracht.

Caritas schreibt in ihren Aufzeichnungen mit spürbarer Sorge das wenige nieder, das ihr vom weiteren Geschick der drei Entführten berichtet wird. Clara Nützel, beispielsweise, habe auch am vierten Tag nach ihrer Entführung noch keinen Bissen zu sich genommen.

Mitte August erscheinen Sigmund Fürer und Linhart Tucher als Abgesandte des Hieronymus Ebner, Kaspar Nützel und der Tetzlin, um der Äbtissin anzubieten, Kostgeld zu bezahlen für all die Jahre, die die drei Schwestern im Kloster gelebt hätten. Nicht ohne Bitterkeit notiert Caritas zu diesem Vorfall: »*Sagt ich in, es wer nit not, ... wolt ich nichs födern denn eyn ding, wenn sie mir den kirchenraub wider geben, den sie uns mit gewalt genumen heten an den 3 kindern ... Sagten sie, sie ... wolten auch die worheit sagen, sie gelaubten, wenn es an den kindern leg, sie kömen all 3 noch vor nachst wider zu uns ....*«

IM DISPUT MIT WENZESLAUS LINCK

Im Hinblick auf die verschleppten Nonnen sind Caritas die Hände gebunden. Ihre Sorge gilt nun den noch im Kloster befindlichen Schwestern. Ende Oktober unternimmt der Pfleger Kaspar Nützel, der nun seine Tochter nach Hause geholt hat, einen weiteren Versuch, Caritas für die neue Lehre zu gewinnen. Er agiert jedoch nicht selbst, denn, wie er offen zugibt, fühlt er sich dieser Gegnerin theologisch und rhetorisch nicht gewachsen. Stattdessen beauftragt er einen Freund Luthers, den ehemaligen Augustinergeneralvikar Dr. Wenzeslaus Linck, seit 1524 Prediger am Neuen Spital zu Nürnberg, der Äbtissin die Grundpfeiler der neuen Lehre nahezubringen, sie von deren Richtigkeit zu überzeugen und sie zu aufzufordern, von den gewohnten Formen ihres Glaubenslebens zu lassen.

Linck kommt der Bitte nach. Zwei »Unterrichte« wird er der Äbtissin zusenden, auf die Caritas ihrerseits eine schriftliche Erwiderung verfasst. Ihr Tenor ist klar: Die Gelübde allein machen nicht heilig, aber sie sind auch kein Hindernis für die Heiligung. Das Klosterleben verstünden die Klarissen als Versuch einer Nachahmung der christlichen Urgemeinde in der Fürsorge für die Schwachen. Sie beharrt darauf, alle geistlichen Fragen eigenverantwortlich und ohne äußeren Zwang erwägen zu dürfen – und beruft sich dabei auf die Bibel: *»S(ankt) Paulus lert uns, wir sollen alle ding probirn und was gut ist, dem sol wir nachvolgen.«*

Gegen klischeehafte Vorwürfe gegenüber den Schwestern – wie etwa deren vermeintliche Höherschätzung der Heiligen gegenüber Christus – verwehrt sie sich. Die intellektuelle Auseinandersetzung zwischen beiden zieht sich über mehrere Wochen hin und endet offenbar erst im November. Zu diesem Zeitpunkt jedoch hatten sich die Rahmenbedingungen für das weitere Schicksal des Klaraklosters bereits gewandelt.

Formen spätmittelalterlicher Frömmigkeit

Das Bestreben, den Glauben mitten im Leben zu verwirklichen, führte zu einer ausgeprägten, facettenreichen religiösen Praxis der mittelalterlichen Menschen. Der Gedanke, zeitliche und ewige Sündenstrafen durch eigenes Verhalten mildern zu können, ließ ein breit angelegtes System von Stiftungen, Almosen und Bußleistungen wie Wallfahrten oder Gebetsleistungen entstehen.

Daneben war es ein zentrales Anliegen, dem leidenden Christus ähnlich zu werden und ihm nachzufolgen. Dies geschah etwa durch leibliche Bußübungen und Fasten bis hin zu Selbstkasteiungen. Aber auch der meditative Nachvollzug der Passion Jesu durch Bildbetrachtung oder durch eine immer wiederkehrende Lektüre einschlägiger Passionsliteratur spielte dabei eine entscheidende Rolle. Verbreitet war etwa das Gebet zu den Wunden Christi. Auch in der Gebetssammlung aus dem Nürnberger Klarakloster ist diese Form der Andacht belegt, etwa in dem Gebet *»Ein Rosenkränzlein von dem süßen und betrübten Herzen Jesu«*: *»... Sei gegrüßt, süße Frucht der heiligen rechten Hand. Ich grüße dich, heilige Wunde, tief wie das Meer. O heilige Frucht der linken Hand! Ich grüße dich, heilige Wunde, tief wie der Rhein ...«*

7 Ein unerwarteter Verbündeter: Die Unterredung mit Melanchthon

»ER SCHIED MIT GUTTER FREUNTSCHAFT«

Den entscheidenden Wendepunkt im Ringen um das weitere Schicksal des Klosters bringt der Besuch Philipp Melanchthons im November 1525. Anlass seines Aufenthalts in Nürnberg ist dabei jedoch nicht der Hilferuf, den Willibald Pirckheimer im Frühling des Jahres nach Wittenberg gesandt hatte, sondern Melanchthons Pläne für eine neue Oberschule zu St. Egidien, die der Stadtschreiber Lazarus Spengler angeregt hatte. Diese sollte tatsächlich ein Jahr später als das erste bayerische Gymnasium seine Pforten öffnen. Heute firmiert die Schule unter dem Namen »Melanchthongymnasium Nürnberg«.

Lazarus Spengler

Lazarus Spengler (1479–1534) entstammte einer Nürnberger Schreiberfamilie. Sein Vater Georg bekleidete 20 Jahre lang das Amt des Ratsschreibers. Bereits im Alter von 17 Jahren trat Lazarus nach dem Besuch der Lateinschule und einem kurzen Studienaufenthalt an der Universität Leipzig in die Fußstapfen des verstorbenen Vaters und übernahm eine Anstellung als Schreiber der Stadt Nürnberg. Im Jahr 1501 vermählte er sich mit Ursula Sulmeister, die ihm neun Kinder gebar. Seit 1507 hatte er die höchste Stellung des Ratsschreibers inne, die er bis zu seinem Tod beibehielt. Als Mitglied der »Staupitz-Gesellschaft« öffnete er sich bald schon für die Theologie des Staupitzschülers Luther. Schon früh wurde Spengler zu einem seiner wichtigsten Wegbereiter der Reformation in der fränkischen Reichsstadt. Bereits 1519 verfasste er die »Schutzrede für Luthers Lehre« (»Schutzred und christenliche Antwort ains erbarn liehabers goetlicher wahrhait der hailigen geschrifft …«). Der ersten Auflage derselben, in der Spengler forderte, Luthers Lehre nicht als unchristlich zu verwerfen, folg-

ten 1520 noch sechs weitere. Als erste auf deutsch verfasste Reformationsflugschrift außerhalb von Wittenberg erreichte sie ein großes Publikum. Sein Eintreten für Luther trug ihm den päpstlichen Bann ein. Erst im Dezember 1521 erteilte man ihm Absolution.
Das von Spengler gedichtete Kirchenlied »Durch Adams Fall ist ganz verderbt menschlich Natur und Wesen« aus dem Jahr 1524 bietet eine Art Summe des protestantischen Glaubens: Die Prinzipien des *solus Christus, sola fide, sola scriptura* – allein Christus, allein der Glaube, allein die Schrift – fasste er in diesem Lied in Worte. Sogar in der Konkordienformel aus dem Jahr 1577, der letzten Bekenntnisschrift der lutherischen Kirche, wird dieses Lied als exemplarisch für einen rechten Glauben aufgeführt.
Seine Schlüsselrolle für die Übernahme der Reformation in Nürnberg hat Luther in einer Tischrede von 1524 benannt: *»Es liget mechtig viel an einem gutten stadtschreyber in einer stadt, wenn etwas sol ausgerichtet werden. Ich halte, wenn Lazarus Spengeler zu Nurmbergk gethan hette [gewollt hätte], das euangelion were so bald nicht auffgangen. Die stadtschreiber thun, wie es die propheten vorzceitten thetten bey den konigen.«*

Im Kontext dieses Aufenthaltes ist es ausgerechnet Kaspar Nützel, der bei dem berühmten Gelehrten aus Luthers unmittelbarem Umfeld anfragt, ob er für eine Unterredung mit Caritas zur Verfügung stünde. Die Äbtissin, die um Martini von Nützel gebeten wird, ihn gemeinsam mit Melanchthon im Kloster zu empfangen, signalisiert ihrerseits ihre Zustimmung.

Oberflächlich betrachtet sind es zwei völlig gegensätzliche Persönlichkeiten die sich in diesem anberaumten Gespräch begegnen sollen: der junge Gelehrte aus Wittenberg, Luthers rechte Hand, der Systematiker der neuen Glaubensrichtung, und die dem mittelalterlich-katholischen Klosterwesen verpflichtete Nürnberger Ordensfrau. Und dennoch teilen sie wesentliche Überzeugungen – etwa die Ablehnung von Gewalt und Zwang in Glaubensangelegenheiten, das Primat der Bildung im Gegensatz zu eingepauktem Wissen sowie nicht zuletzt ihr Geschichtsbewusstsein. Caritas, die humanistisch geprägte Klosterfrau, hätte Melanchthons Worte bei seiner Wittenberger Antrittsvorlesung 1518 sicher bejaht: *»Ohne Kenntnis der Geschichte kann weder öffentliches noch privates Leben bestehen, ohne sie ist eine gesunde Verwaltung der staatlichen wie der häuslichen Angelegenheiten undenkbar. Ja, ich weiß nicht, ob nicht unsere Erde leichter die Sonne, also ihr Lebensprinzip, entbehren könnte, als unser bürgerliches Dasein die Geschichte.«*

Im November 1525 sitzen die beiden sich schließlich im Klarakloster gegenüber: die 58-jährige Äbtissin und der 28-jährige Professor aus Wittenberg. Ausgerechnet Melanchthon, eine der prominentesten Figuren der reformatorischen Bewegung, hat als erster evangelisch gesinnter Gesprächspartner ein offenes Ohr für die Argumente und die Anliegen der Äbtissin.

Das Gespräch im Beichthaus des Klosters beeindruckt offenbar beide tief. Der Wittenberger Theologe findet für das Verhalten des Rates und der an der Entführung der Nonnen beteiligten Familien deutliche Worte und ergreift eindeutig Partei: *»… wie es so größlich wider got wer, das man mit solchem gewalt die leut betrangen wolt … es kunts auch weder vater noch muter mit gewissen vor got verantwürtten, das sy ire kindt wider irn willen mit gewalt auß dem closter nehmen.«*

Caritas selbst schildert die Begegnung rückblickend voller Dankbarkeit. Gegenseitige Toleranz, der Versuch des Verstehens scheinen diese Begegnung durchdrungen zu haben, trotz eines Streitpunktes, über den man sich offenbar nicht einhellig verständigen konnte: *»Wir concordirten zu peder seyten in allen puncten, dann allein der gelubt halben kunt wir nit eins werden; er meynet ye, sy pünden nichcz, man wer sy nit schuldig zu halten, so maynet ich, was man got gelobt het, wer man schuldig zu halten mit seiner hilf.«* Ganz offenbar wecken Melanchthons freundliches Wesen und seine Empathie für die Notlage der Nonnen Caritas' Sympathie für den jungen Vordenker der Reformation: *»Er war bescheidner mit seiner red denn ich noch keinen lutterischen gehort hab; was im ser wider, das man die leut mit gewalt nottet. Er schyd mit gutter freuntschaft von uns.«*

Philipp Melanchthon. – Kupferstich von Albrecht Dürer, 1526. Unter der Büste steht auf einer Tafel: VIVENTIS:POTVIT.DVRERIVS.ORA.PHILIPPI/ MENTEM.NON.POTVIT.PINGERE. DOCTA./MANUS (Die Züge Philipps konnte Dürer nach dem Leben zeichnen, nicht die willfährige Hand den Geist).

Philipp Melanchthon – Praeceptor Germaniae

Der 1497 in Bretten geborene Philipp Melanchthon (eigentlich Schwartzerdt) zählt zu den wichtigsten Figuren der frühen Reformationsgeschichte. Nach dem frühen Tod des Vaters besuchte er ab seinem 11. Lebensjahr die Lateinschule in Pforzheim. Seine Begabung fiel Johannes Reuchlin, oberstem Richter des schwäbischen Bundes, auf, der den Jungen in der Folgezeit förderte und

ihm ermöglichte, neben Latein auch Griechisch zu erlernen. Er war es auch, der ihm den gräzisierenden Namen »Melanchthon« zuschrieb.
Bereits mit 12 Jahren wechselte er an die Universität Tübingen, wo er sich dem Studium der Arithmetik, der Geometrie, der Musik und der Astronomie widmete. 1514 erwarb er den Magistertitel in Heidelberg. Er war demnach kein Theologe, sondern Philologe.
Das Interesse des jungen Gelehrten für die Ideen Luthers wurde durch die Heidelberger Disputation geweckt, auf der im April 1518 die Grundanliegen der 95 Thesen Luthers diskutiert wurden. Wenig später schlug ihn sein Lehrer und Förderer Johannes Reuchlin für den ihm selbst angebotenen Griechischlehrstuhl an der Universität Wittenberg vor.
Melanchthons schmächtige und wenig beeindruckende Erscheinung – er war nur etwa 1,50 m groß und litt an einem Sprachfehler – sorgte zunächst für Spott und Erstaunen. Seine glühende Antrittsvorlesung änderte die Einschätzung seiner Zuhörer jedoch schlagartig. Mit seiner Forderung *»Ad fontes!«* – »Zu den Quellen!« traf er den Nerv der Zeit: *»Lernt Griechisch zum Lateinischen, damit ihr, wenn ihr die Philosophen, die Theologen, die Geschichtsschreiber, die Redner, die Dichter lest, bis zur Sache selbst vordringt, nicht ihre Schatten umarmt …«*
Ab 1519 amtierte er auch als *Baccalaureus biblicus* und hielt an der theologischen Fakultät exegetische Vorlesungen. In seinem epochalem Standardwerk »Loci communes rerum theologicarum« (Allgemeine Grundbegriffe für die theologischen Sachverhalte), einer Zusammenfassung der paulinischen Theologie, ging es ihm um den engen Bezug zwischen Glauben und Lebenspraxis. Als weiterer Meilenstein gilt bis heute die »Confessio Augustana« aus dem Jahr 1530 als Summe des evangelischen Bekenntnisses in Abgrenzung zu den Lehrmeinungen der Papstkirche. Aus seiner humanistischen Grundhaltung heraus regte er die Neugrün-

dung von Schulen an – 1524 in Magdeburg, 1525 in Eisleben, 1526 in Nürnberg. Seine damals vorgegebenen Leitlinien – der Unterricht solle auf Lateinisch abgehalten werden, durch Wiederholung solle Erlerntes gefestigt und erst nach Erreichen bestimmter Lernziele die Versetzung in eine höhere Klasse gewährt werden – prägten die neuen Lehranstalten. Der *»praeceptor Germaniae«*, der Lehrer Deutschlands, starb 1560.

ERLEICHTERUNGEN

Auch wenn Melanchthon nicht in Nürnberg bleiben kann – seine Intervention hat für die Klarissen dennoch spürbare Folgen. Womöglich hat der Verweis auf die Wittenberger Verhältnisse die Nürnberger dabei besonders überzeugt: *»man het zw Wyttenwerg … auch noch kein closter zerstörtt.«* Nicht allein die Menschen auf der Straße, die sich aus Patriziern ebenso rekrutieren wie aus Handwerkern, scheinen durch seine klare Positionierung gegen die Anwendung von Gewalt gegen Andersgläubige besänftigt.

Auch Wenzeslaus Linck, so liest man in den »Denkwürdigkeiten«, lässt nach dem Besuch Melanchthons von Caritas ab. Durch den Pfleger lässt er ihr schriftlich ausrichten, er gedenke, *»nunmer der sach rwe zu geben und sich mit euch weytter nit zu mwen [mühen] und es got walten loßen.«*

Selbst der bislang so grimmig agierende Kaspar Nützel beteuert, er werde sich fortan, ermuntert durch Melanchthon, wieder als getreuer Verwalter des Klosters verstehen. Caritas' Dankesschreiben an ihn ist gezeichnet von ihrer Erleichterung und dem uneingeschränkten Willen zur Versöhnung. Seiner Tochter Klara lässt sie ausrichten, *»das wir von den genaden gottes einen newen pfleger haben«*. Die Beziehung zwischen dem Konvent und seinem Pfleger, ihrem *»schuczer und schyrmer … derselben [wir] kein wexel begern«*, sollte bis zu dessen Tod 1529 ungetrübt bleiben – trotz Nützels Entscheidung für den lutherischen Glauben, trotz der in den vergangenen Monaten durchaus harschen Wortwechsel, in denen Nützel Caritas der *»vermeßenheit«* und des Gefangenseins im *»groben srick«* des falschen Glaubens bezichtigt hatte.

Die Handwerker als treibende Kräfte der Reformation

Neben der evangelischen Predigt, dem evangelischen Lied und evangelischer Bildpropaganda stellten die in der frühen Reformationszeit seit 1517 in großer Zahl gedruckten Flugschriften das wichtigste Medium zur Verbreitung der neuen Ideen dar. 1501–30 erschienen im deutschen Sprachraum an die 10 000 Flugschriften. Ein Großteil stammte von Geistlichen, daneben profilierten sich jedoch auch Handwerker, die zunehmend Zugang zu höherer Bildung hatten, als Verfasser. Zu nennen sind etwa der Kürschner Sebastian Lotzer aus Memmingen, der Schweinfurter Leinweber Hans Mörlin, der Augsburger Weber Georg Preining, Clemens Ziegler, Gärtner in Straßburg, der Eilenburger Schuster Georg Schönichen, der Reutlinger Bäcker Hans Staygmayer, der Kürschner Melchior Hoffmann aus Schwäbisch Hall, Peter Reychart, Kürschner aus Rothenburg o. d. Tauber, sowie der Schuhmacher Hans Sachs und der Deckenweber Nikolaus Kadolzburger aus Nürnberg.

Im Gegensatz zu vielen anderen Städten im Reichsgebiet waren die Handwerker in Nürnberg nicht in Zünften organisiert. Dennoch mangelte es ihnen, die maßgeblich für den wirtschaftlichen Erfolg der Stadt mitverantwortlich waren, nicht an Selbstbewusstsein. Auch hier gab es den Zusammenschluss von Handwerksmeistern in »Singschulen«, in denen der Meistergesang, eine Dichtkunst nach festen Regeln als Ausdruck der handwerklichen Kultur gepflegt wurde. Die dort zum Vortrag gebrachten Lieder waren oftmals vertonte Laienpredigten oder »gereimte Theologie«. Besonderes Gehör verschaffte sich Hans Sachs nicht nur mit seinen proreformatorischen Flugschriften, sondern im Juli 1523 auch mit seinem im Kontext der Singschule entstandenen Spruchgedicht »Die Wittenbergisch Nachtigall«. Inmitten der damals herrschenden konfessionellen Unruhen und der antiklerikalen Stimmung in der Stadt bezog er eindeutig Position für Luther. Am Schluss des Gedichts foderte Sachs seine Leser auf: *»Kert wider auß des Bapstes wyste / Zu unserm hyrten Jesu Christe.«* Der große Nachhall, den Sachs mit diesem Werk erzeugte, zeigt die neue Bedeutsamkeit des Handwerkerstandes in der frühen Reformationszeit.

Das zweifelsohne wichtigste Ergebnis, das sich Melanchthons Eingreifen verdankt, ist jedoch die Zusicherung des Rates, dass man das Kloster bestehen lassen werde – so wie man auch allen anderen Klöstern auf Nürnberger Territorium dieses Recht nun zusichert. Mit einer entscheidenden Einschränkung allerdings: Die Aufnahme von Novizinnen und Novizen wird allen Konventen untersagt. Das Ende der mittelalterlichen Klosterkultur ist damit besiegelt.

8 Die letzten Jahre: Es wird stiller um das Klarakloster

DER ABSCHIED VON ANNA SCHWARZ

Ungeachtet des grundsätzlichen Entschlusses, das Kloster unangetastet zu lassen, unternimmt der Rat am 2. November 1527 erneut einen Anlauf, die Nonnen zur Aufgabe zu bewegen. Diesmal werden alle Schwestern einzeln befragt, ob sie nicht doch von ihren Gelübden entbunden zu werden wünschten.

Diese Anhörung verläuft zunächst ergebnislos. Die Gemeinschaft zu St. Klara scheint weiterhin intakt – trotz aller Einschränkungen, die sich nicht nur durch das Nachwuchsverbot, sondern auch durch den Entzug der Beichte, des Abendmahls und der Sterbesakramente ergeben.

Es ist eine einzige Schwester, Anna Schwarz, die schließlich am 23. Februar 1528 den Konvent verlässt – auf eigenen Wunsch. Dieser Schritt hatte sich allerdings schon lange abgezeichnet. Dass Anna das Leben in der Klostergemeinschaft nicht mehr behagte, war schon seit vielen Monaten offenkundig geworden: »*Sagt, sye wolt nit ein schaf seyn, sondern ein hirt.*« Ihr Wunsch nach Unabhängigkeit wird mit den Wochen immer deutlicher. Immer weniger sieht sie sich imstande, sich in die Gemeinschaft der Nonnen einzufügen: »*... wenn der convent zu tisch saß, so schlief sy, wenn man zu kor was, so aß sye.*«

Im Gegensatz zu den Familien der drei entführten Nonnen sind Annas Angehörige alles andere als erbaut: Sie wollen von ihren Austrittsplänen nichts wissen. Sowohl ihr Bruder als auch ihre Mutter bitten sie, im Kloster zu bleiben, und zwar weniger aus religiösen als aus pragmatischen Gründen – niemand aus der Familie sehe sich im Stande, für sie zu sorgen. Letztlich verlässt Anna Schwarz das Kloster dennoch, finanziell ausgestattet lediglich mit ihrem einst eingebrachten, nach zehn Jahren Klosterleben eigentlich bereits aufgebrauchten Leibding. Von diesem Geld sieht sie jedoch selbst keinen Pfennig – ihr Bruder baut damit ein Haus und *»ee daz hauß verfertigt war, must er von schulden wegen entrinen«*. Erst vier Jahre später kann sie durch die Eheschließung mit Friedrich Pistorius, dem ehemaligen Abt von St. Egidien, ihre Existenz langfristig sichern.

»ES WARD ZULETZT EIN TANZ DARAUS« – DAS 25-JÄHRIGE JUBILÄUM

An Ostern 1529 feiert Caritas ihr 25-jähriges Äbtissinnenjubiläum. Aus eigener Kraft – das Kloster ist in der Folge der zermürbenden finanziellen Einschnitte völlig verarmt – hätte man diesen Anlass freilich nicht festlich begehen können. Aber Willibald Pickheimer besteht auf einem würdigen Festakt.

Das, wie aus den Worten der Katharina Pirckheimer hervorgeht, lange herbeigesehnte Fest – *»wir haben uns all das gancz jar auf der muter jubeljar gefreyt und haben wochen, tag und stundt hyn geczelt«* – wird dann mit großer Freude gefeiert. Willibalds Fürsorge ermöglicht einen reich gedeckten Tisch. Ein Fass edlen Weins, ja sogar sein eigenes Tafelsilber lässt der Bruder den Nonnen schicken.

Wichtiger als all dies sind jedoch die gegenseitigen Gesten der Zuneigung und Dankbarkeit. Die Jubilarin wird mit Blumen bekranzt, man trägt sie, da sie selbst zu geschwächt ist, um zu laufen, in den Gottesdienst – *»und die praut weynet. Es war aber nit vor leydt, sunder vor freydt«*, wird Katharina später ihrem Vater Willibald berichten. Als alle Schwestern schließlich der Äbtissin mit Umarmung und Kuss gratulieren, überrascht diese die Nonnen mit einem ungewöhnlichen Geschenk: einem Ringlein für jede der Konventsschwestern. Katharina Pirckheimer hält fest: *»Wie wol es vor nit gewonheyt ist geweßen, das wir ring haben getragen, so erparmets doch die muter, das wir in dißen schwern jarn einmutigklichen in der gehorsam peyeinander wern beliben und zu einer gedechtnus desselben hat sye vil jar dn [Pfenning] und groschlein, was ir ist worden, zusamen gesamelt ... Wir heten die muter schir ertruckt, man sach wol, wie feint man der muter ist.«*

Späteres Äbtissinnensiegel der Caritas Pirckheimer. – Umschrift: SANCTA CLARA ORA PRO NOBIS (Heilige Klara bitt für uns)

Musik und sogar Tanz begleiten das festliche, ja ausgelassene Zusammensein: »*Es wardt zuleczt, da wir geßen hetten zur nacht ein dancz darauß. Es danczten die alten als wol als die jungen. Muter Appolonia Tucherin ist 57 jar in dem closter gewest, die zog mich auf, das ich mit ir must danczen und die praut schlug auf einem hackpret. Es war der dancz so groß, daz sye sprach: Lieben kindt, schont mir neur meins disch.*«

WILLIBALDS APOLOGIE DES KLARAKLOSTERS

In der Auseinandersetzung des Klosters mit dem Rat war es in den letzten Jahren immer mehr um die Einhaltung äußerer Verpflichtungen gegangen. Nachdem das Kloster 1529/30 die immer wieder gestundete Wein- und Biersteuer zu zahlen vermocht hatte, entspannt sich die Lage zunächst wieder.

Im Frühjahr 1530 kommt es jedoch noch einmal zu einer inhaltlichen Auseinandersetzung über die Frage der Existenzberechtigung des Konvents, angestoßen durch die Veröffentlichung der sogenannten »Apologie für die Nonnen von Sankt Klara« aus der Feder Willibald Pirckheimers. Er agiert als Anwalt für die Anliegen der Klarissen und formuliert deren Haltung in den Fragen der Gelübde, der guten Werke und der Papsttreue. Er macht sich damit zum Sprachrohr für diejenigen, die ihre Stimme nicht selbst vor dem Rat erheben können, und bezeugt so noch einmal seine Loyalität gegenüber der älteren Schwester, ohne sein eigenes kritisches Hinterfragen des Klosterstands im allgemeinen und der Nürnberger Mönche im Besonderen zu verhehlen. Aber Pirckheimer appelliert gleichzeitig auch an den gesunden Menschenverstand seiner Leser: Es sei sinnlos, den Nonnen ihre Weigerung gegenüber dem Ehestand vorzuwerfen – schon allein angesichts der Tatsache, dass sieben von ihnen bereits älter als 70, 15 bereits über 50 Jahre alt seien. Dem von den Reformatoren oft beschworenen »gemeinen Nutzen« erwiese man keinen Dienst, würde man diese bestehenden Gemeinschaften auflösen und die Versorgung jener betagten Nonnen der Allgemeinheit aufhalsen.

Das Frauenbild im Zeitalter der Reformation

In seiner Schrift »Ursach und Antwort, daß Jungfrauen Klöster göttlich verlassen mögen« aus dem Jahr 1523 argumentierte Martin Luther mit der biblisch fundierten Bestimmung der Frau zur Mutterschaft: Es *»soll ein weybs bild ein weyb bleyben, frucht tragen, dazu es gott geschaffen hat, und nicht besser machen denn ers gemacht hat … Da widder kann yhe keyn gelubt noch bund gelten noch hallten, Denn es ist gottis wort und gemechte.«*
Den Nonnen, denen Luther unterstellte, sie seien ohnehin allesamt mit Widerwillen im Kloster, riet er: *»Were es nicht besser, wenn sie ja etwas ungerne und mit unlust thun soll, sie were ehlich und thet solche muhe und unlust im ym ehlichen standt …«* Und bereits 1522 betonte er in

seiner Schrift »Vom ehelichen Leben« die notwendige Selbstaufgabe der Frau als heilsames Werk: *»Daher sieht man auch, wie schwach und ungesund die unfruchtbaren Weiber sind, die aber fruchtbar sind, sind gesünder, reinlicher und lustiger. Wenn sie sich aber auch müde und zuletzt tot tragen, das schadet nichts, lass sie sich nur tot tragen, sie sind dazu da. Es ist besser kurz gesund als lange ungesund leben.«*

In zahlreichen Flugschriften dieser Zeit wurde die Unterordnung der Frau unter den Mann und ihr Aufgehen in der Mutterrolle gefordert, etwa in der Flugschrift »Frawen Biechlin«, vermutlich aus der Feder eines evangelischen Pfarrers aus Augsburg: *»Aber diejenigen soll diese Schrift gar nichts angehen, [...] die sich selbst in die Klöster einschließen und dem Wort und Gebot Gottes entgegen, sich weder mit Kinder gebären noch mit Untertänigkeit gegen den Mann abgeben ...«* Der vergleichsweise autonomen Lebensweise von Klosterfrauen begegnete man mit Skepsis und bisweilen mit eindeutiger Polemik, indem man das Zusammenleben von Frauen als *»sodomey«* bezeichnete, wie etwa der Nürnberger Prediger Andreas Osiander. Diese Haltung stellte einen eindeutigen Bruch dar mit der bis dahin herrschenden Hochschätzung von Keuschheit und Jungfrauenschaft.

EIN BAND ZERREISST: DER TOD DES BRUDERS

Die Ausgewogenheit der Argumente, das Nebeneinander von evangelischer Klosterkritik und zugleich der Wertschätzung der Nürnberger Klarissen offenbaren Pirckheimer als einen Menschen, der von allen radikalen Meinungen Abstand zu nehmen sucht. In seinen letzten Lebensmonaten nimmt seine Desillusionierung angesichts der herrschenden Realitäten immer weiter zu und seine Verbitterung angesichts seiner enttäuschten Hoffnungen auf eine von humanistischen Grundsätzen durchdrungene Reformkirche wird immer deutlicher spürbar. Gezeichnet von Alter und Krankheit hat er die Lust auf Auseinandersetzung verloren, die er noch im April 1521 angesichts des Wormser Reichstags geäußert hatte: Die entstandenen Verwerfungen ließen sich nicht durch Ordnung, sondern nur durch Verwerfungen lösen! Auf dem Totenbett jedoch soll er sich für Kirche und Vaterland nichts als Frieden gewünscht haben.

Ob Pirckheimer als gläubiger Katholik oder als überzeugter Protestant gestorben ist, muss dahingestellt bleiben. Er entzieht sich diesen Kategorisierungen. Auf seinem Epitaph auf dem Johannesfriedhof findet man jenseits aller konfessionellen Zuordnungen ein treffendes Fazit dieses bewegten Lebens, das die Tugend, einen der humanistischen Kernbegriffe, ins Zentrum stellt: »*Virtus interire nescit.*« – »Tugend kann nie vergehen.«

ABSCHIED VON EINER GROSSEN LIEBENDEN

Zwei Jahre nach ihrem Bruder Willibald, in der Nacht des 19. August 1532, am Tag des hl. Sebaldus in der Festwoche der hl. Klara, stirbt Caritas Pirckheimer im Alter von 65 Jahren. Im Totenbüchlein der Anna Ketzel, der damaligen Siechenmeisterin des Konvents, findet sich die Charakterisierung Pirckheimers als »*ein[em] Spiegel aller Geistlichkeit und eine[r] Liebhaberin aller Tugend*«. Und auf einem in einen Sammelband der Predigten des Heinrich Vigilis eingeklebten Zettel von unbekannter Hand heißt es über die Verstorbene: »*... die zu einer abtißin erwelt wurd* MV^{c} *und im III. jar und starb (...) im XXXII. Jar, als uns nit gezweyfelt seliglichen, si uns nutzlich und trostlich ist gewest, auch vil mu, arbeit, angst und not gehabt hat, besunder die luterischen jar, in den sie fur sich und uns ritterlichen gestritten und mit der hilf gottes bestendiglichen verharrt ...*« In einem Äbtissinnenkatalog des Klosters findet sich bei ihrem Namen folgender Zusatz, der noch einmal den Bogen zurück in die Blütezeit ihres Lebens schlägt: »*ein fraw lateinischer Sprach fast kundig und wohlberedet, dann sie viel lateinische epistolas geschrieben so noch vorhanden seint, ward zur Aebtissin erwählt 1503, ist dem closter vorgestanden 29 Jahre und starb a(nno) 1532 ... Sie hatte eine herrliche Bibliothecam ...*«

Die Gräber von Willibald und Caritas Pirckheimer
Das Grab Nr. 1414 auf dem Nürnberger Johannisfriedhof birgt die sterblichen Überreste des Willibald Pirckheimer. Bei der Grundsteinlegung des Dürermonumentes 1840 wurde der abgesunkene Stein angehoben und das aufgegossene Stadtwappen wieder kenntlich gemacht. Das Kruzifix wurde 1490 von Adam Kraft geschaffen und von Martin Ketzel gestiftet. Die Inschrift auf der Grabplatte charakterisiert den Verstorbenen als Ratgeber zweier Kaiser und als hochgelehrten Kenner der lateinischen und griechischen Sprache: *»Bilibaldo Pircheymero Patritio ac Senatori Norimb. Divorum Maximil. I et Carol. V. Augg. consiliario viro utique in praeclaris rebus obeundis prudentissimo graece iuxta latine doctissimo cognati tanquam stirpis Pircheymerae ultimo dolenter hoc S. P. vix. ann. LX. d. XVI. obiit d. XXII mens. Decembr. anno christiane salutis MDXXX. virtus interire nescit.«*
Der letzte Passus der Grabinschrift – *»virtus interire nescit«* – findet sich wortwörtlich auch in einem Traktat über die Ehe, »Christiani matrimonii institutio« (1526), des Erasmus von Rotterdam.
Aufgrund der Angaben aus dem Totenbüchlein der Nonne Anna Ketzel wusste man um die Lage der Grabstätte der Caritas Pirckheimer. Man habe sie beim *»Weihkessel bei der Kapelle im Grab der früheren Äbtissin Margaretha Grundherr«* bestattet. Diese sehr präzise Angabe ließ auf eine Auffindung der Gebeine hoffen: Nichtsdestotrotz waren Grabungen in den Jahren 1924 und 1932–34 ergebnislos geblieben. Im Zusammenhang mit der Neugründung einer Jugendfreizeit- und -bildungsstätte auf dem ehemaligen Klostergelände nahm man ab dem 8. Oktober 1956 erneut die Suche nach der letzten Ruhestätte der Äbtissin auf. Unter Leitung des Landesamtes für Denkmalpflege führte dieser Versuch bald schon zum Erfolg: In etwa 60 cm Tiefe stieß man auf ein Fragment einer Grabplatte, deren bruchstückhafte Inschrift den Namen *Charitas pirckheim(er)* trägt. Die

direkt unter der Platte befindlichen Knochenpackungen sind nicht Caritas zuzuordnen; ihr Skelett fand man wenig später *in situ* – mit auf der Brust gefalteten Händen und dem Gesicht zur Kirche. Untersuchungen bestätigten, dass das Alter der Verstorbenen und deren Erkrankungen – u. a. eine Verknöcherung der Wirbelsäule – die Identifikation mit der Äbtissin rechtfertigen. Nach der Exhumierung der Gebeine wurde sie am 14. April 1960 innerhalb der Klarakirche in einer Gruft beigesetzt. Die Grabplatte befindet sich heute beim rechten Nebenaltar. Erkennbar ist neben ihrem Namen auch der Verweis auf zwei andere Personen – eine unbekannte Äbtissin *(Anno d[omi]ni / vene(rabilis) abba(tissa)* sowie die im Jahr 1521 verstorbene Äbtissin Helene Meichsner *(Anno d[omi]ni ... m[ate]r hele)*, die direkte Vorgängerin Caritas' im Amt, das sie 1488 und 1503 als Nachfolgerin der Äbtissin Margarete Grundherr ausfüllte. Ihrem Vater Heinrich Meichsner verdankt das Kloster wertvolle Buchgeschenke wie etwa eine zweibändige deutsche Bibel. Sie selbst setzte wichtige Impulse für die humanistische Prägung des Konvents. Es wird vermutet, dass ihre erfolglosen Bemühungen um das Nürnberger Bürgerrecht für eine Laienschwester der Auslöser gewesen sein könnte, bereits 1503 ihr Amt niederzulegen.

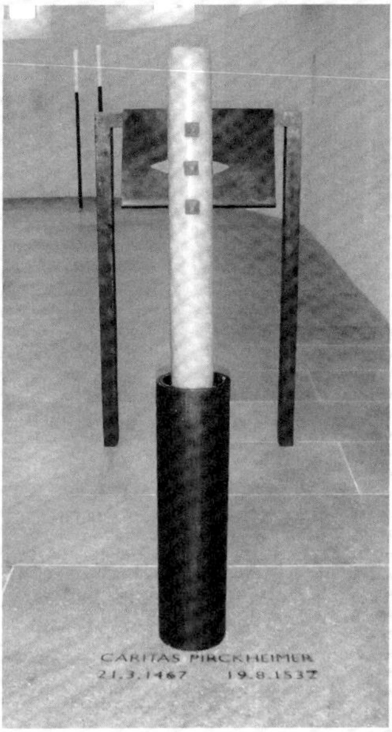

Grabstätte der Caritas Pirckheimer im Chor der Klarakirche

DAS WEITERE SCHICKSAL DES KLARAKLOSTERS

In die Lücke, die Caritas' Tod hinterlässt, tritt zunächst ihre Schwester Klara, die das Amt der Äbtissin jedoch nur für 18 Monate übernimmt. Willibalds Tochter Katharina – das »Kätterlein« – wird etwa die nächsten 30 Jahre dem Konvent vorstehen und diesen offenbar im Geist ihrer verstorbenen Tante führen.

Obgleich das Kloster seine öffentliche Bedeutung zu diesem Zeitpunkt bereits verloren hat, scheint die Gemeinschaft der Schwestern immer noch eine gewisse Anziehungskraft zu besitzen. Dies zeigt die skurrile Episode um die Nürnbergerin Käthe Glaserin, die am 5. Oktober 1539 plötzlich im Speisesaal der Klarissen steht: *»[W]ir erschraken all so herzlich daß wir unns nit kunten gedenken ob es ein mensch oder ein gespenst war.«* Heimlich hatte sich Käthe Glaserin mit der Hilfe einer Klosterservitialen durch die Winde an der Klostermauer gezwängt, um ihren langgehegten Wunsch, in das Kloster einzutreten, gegen das Verbot des Rates durchzusetzen. Sechs Wochen gelingt es den Nonnen, diesen »illegalen Neuzugang« bei sich zu behalten. Nachdem der Pfleger jedoch davon unterrichtet wird, holt man die Glaserin ab. Sie muss ihr Vergehen mit drei Tagen Gefängnis büßen – kein dramatisches Strafmaß, und doch eines, das die öffentliche Meinung über die Nonnen deutlich macht, wie Katharina Pirckheimer kommentiert: *»[S]o merckt wir wol [...] das man unns erger schezt denn die mit zuchten hynter die mauer [Prostituierten] das man nemlich die person so hertiglich het gestraft, das man keyner solchen thet.«*

Nach dem Tod der Katharina Pirckheimer 1590 geht das Kloster ganz in den Besitz des Rates über; die letzte Nonne, die 1552 aus dem im zweiten Markgrafenkrieg von Albrecht Alcibiades niedergebrannten Pillenreuther Konvent nach St. Klara gekommen war, stirbt 1596. Somit kommt das Leben im Kloster, das seit der ersten Hälfte des 13. Jahrhunderts bestanden hatte, zum Erliegen. Die Klosterkirche dient zunächst als evangelische Pfarrkirche, die übrigen Gebäude werden bald schon als Zeughaus der Stadt genutzt.

Das Ende der Nürnberger Klöster

Bis zum Vorabend der Reformation existierte in Nürnberg ein dichtes Netz an Klöstern: Insgesamt 17 Klöster, Klösterhöfe und Brüderhäuser beheimatete die Norimberga: den Orden der Benediktiner im Egidienkloster, die Deutschordenskommende, die Franziskaner, Augustiner, Dominikaner, Karmeliter, die Klarissen, die Dominikanerinnen, die Kartäuser, das Spital der Terziarinnen, den Heilsbronner, den Frauenauracher, den Ebracher, den Neukirchner und den Eichstätter Hof sowie das Mendelsche und das Landauer Zwölfbüderhaus. Seit 1517 hatten sich der Rat und große Teile der Bevölkerung schrittweise für die Gedanken Luthers geöffnet. Die entscheidende Zäsur stellte das Religionsgespräch 1525 dar, das das Ende der Klöster besiegelte. Die Konvente der Augustiner, Karmeliten und Kartäuser sowie die Benediktinermönche zu St. Egidien übergaben ihre Klöster in den darauffolgenden Monaten an den Rat und erhielten im Gegenzug Abfindungen und Versorgungsangebote, die den Lebensunterhalt der ehemaligen Mönche sicherten. Durch das Verbot, neue Novizen aufzunehmen, wurde auch den widerständigen Orden die Lebensgrundlage entzogen. Die Franziskaner mussten 1529 aufgeben – der letzte Mönch des Klosters verstarb 1562. Die Dominikanermönche waren in ihrer Haltung gegenüber den Forderungen des Rates gespalten: Erst 1543 übereignete der auf fünf Insassen reduzierte Konvent das Kloster der Stadt. Das Katharinenkloster der Dominikanerinnen starb 1596 aus, im gleichen Jahr wurde auch das Klarakloster geschlossen. Die Kommende des Deutschen Ordens war als reichsunmittelbarer Stand nicht von den Ratsbeschlüssen betroffen, führte jedoch nach 1532 protestantische Gottesdienste ein und wurde nach Auflösung des Heiligen Römischen Reiches säkularisiert. Die Brüderhäuser konnten als private Stiftungen die Reformation überdauern.

9 Vergessen und Neubesinnung

DAS VERSCHOLLENE GUT: HÖFLERS BAMBERGER ENTDECKUNG

Über 300 Jahre lang fielen die Äbtissin Caritas Pirckheimer und ihr Kloster beinahe dem Vergessen anheim – wenn man von einigen wenigen Ausnahmen absieht. Es ist Constantin Höfler (1811–97), der um die Mitte des 19. Jahrhunderts als Archivar des Bamberger Kreisarchivs wirkt und die dort verwahrten Aufzeichnungen der Nürnberger Äbtissin entdeckt. Vier umfangreiche Manuskripte sind es, die er in Bamberg vorfindet – zwei davon (A und D) aus der Lebenszeit der Caritas, die man nach der Schließung des Klosters 1596 nach Bamberg gebracht hatte, sowie zwei Abschriften (B und C) aus dem 17. Jahrhundert.

In der Forschung wird Codex D als der älteste angenommen, der im Wesentlichen von drei Händen geschrieben und von zwei Händen kommentiert wurde, wobei es sich bei Hand E offenbar um die Hand der Caritas Pirckheimer selbst handelt. Codex A, geschrieben von zwei Händen, stellt hingegen die ausgeführte Version dar; nur eine der beiden Hände ist auch an Codex D beteiligt. 1852 gab Höfler diese Schrift unter dem Titel »Denkwürdigkeiten« heraus.

Das Autograph der Caritas Pirckheimer

Nur wenige Passagen der sogenannten »Denkwürdigkeiten« (meist kurze Randnotizen, Einfügungen oder Korrekturen in Codex D, bezeichnet als Hand E) wurden von Caritas Pirckheimer eigenhändig geschrieben. Sowohl hier als auch in ihrer persönlichen Korrespondenz finden sich verschiedene Hände von Schreiberinnen, die die Äbtissin bei der Abfassung von Schriftstücken unterstützten. Das Autograph der Caritas Pirckheimer findet sich etwa in einem Neujahrsgruß, den sie wohl zum Jahreswechsel 1507/08 an den Ratsherrn und Baumeister Michael Behaim (gest. 1511) geschickt hat.

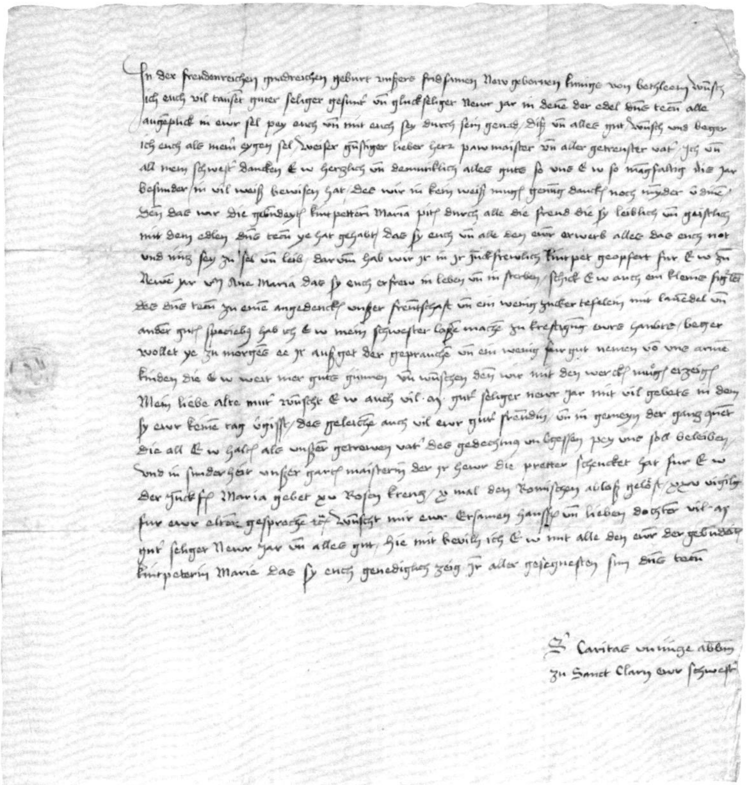

Neujahrswünsche der Caritas Pirckheimer an Michael Behaim, wohl 1507/1508

Obgleich die Abfassung in der ersten Person Singular an eine Art autobiografisches Tagebuch denken lässt, sind die »Denkwürdigkeiten« doch primär als eine Chronik des Klaraklosters zu verstehen. Schon die ersten Zeilen, also die Sintflutprophezeiung für das Jahr 1524 und Caritas' Deutung, welche die folgenden Ereignisse in eine Art kosmischen Zusammenhang einordnen, stützen diese These.

Die Fragen nach dem Verfasser, dem Abfassungszeitraum und -zweck sind nicht ganz eindeutig zu beantworten. Für die Abschnitte, die sich auf den Zeitraum bis zum Tod der Äbtissin 1532 beziehen, liegt es durchaus nahe, Caritas als Verfasserin anzunehmen, wenngleich nicht in einem unmittelbaren Sinn.

Besitzeintrag »Caritas Pirckheimerin d. Jüngeren« in einem Gebetbuch aus dem Klarakloster. – Nürnberg, 2. Viertel 16. Jh.

Die Tatsache, dass der Großteil von Codex D nicht in ihrer eigenen Handschrift abgefasst wurde, lässt vielmehr darauf schließen, dass Caritas ihren Schreiberinnen sehr wahrscheinlich diktiert und nur an einigen Stellen (Hand E) abschließende Kommentare, Korrekturen oder Ergänzungen (so etwa die Lebensalter der Nonnen Ebner, Teztel und Nützel bei ihrer Verschleppung aus dem Kloster) eingefügt haben wird.

Auch wenn die Schilderungen der Ereignisse des Jahres 1525 den meisten Raum einnehmen, beinhaltet die Schrift auch spätere Vorkommnisse, die zum Teil über Caritas' Todesjahr hinausgehen. Der Grundbestand entsteht wohl in relativer zeitlicher Nähe zu den Ereignissen. Zwischen den nach November 1525 niedergeschriebenen Stücken klaffen dann immer größere Lücken, die Schrift gewinnt einen zunehmend episodenhaften Charakter.

Auch was die Motive der Denkwürdigkeiten anbelangt, ergibt sich ein differenziertes Bild: Das Moment der *memoria* spielt sicher eine Rolle. Die Verfasserin schreibt die Ereignisse nieder, auf dass man *»sich an die Schwestern und ihre nöte erinnern solle«*. Es ist sicher nicht abwegig, der Humanistin Pirckheimer, die ja schon früher bei der Abfassung einer Klosterchronik mitgewirkt hatte, dieses historiografische Motiv zu unterstellen. Zugleich ist vieles so polemisch und unmittelbar geschildert, dass es erscheint, als rückten auch die eigenen Zeitgenossen als Adressaten in den Blick. Vielleicht ist Caritas um eine Art Gegengewicht zur evangelischen »Propaganda« bemüht, die durch die reformatorischen Prediger im Kloster präsent ist. Die Bemühung, innerklösterliche Einigkeit inmitten einer feindlich gesinnten Umgebung zu beschwören, mag also durchaus auch als Motiv angeführt werden.

Constantin Höflers Edition von 1852 schafft die Grundlage für alle weiteren wissenschaftlichen Publikationen über Caritas Pirckheimer und die Geschichte des Klaraklosters. Zwei bis heute maßgebliche Biografien aus der Feder von Gerta Krabbel (1940) und Johannes Kist (1948) machen die Äbtissin schließlich auch jenseits des wissenschaftlichen Diskurses einem breiteren Publikum bekannt.

In den 1960er-Jahren ist die »Caritas-Pirckheimer-Quellensammlung« des Josef Pfanner als wichtige Wegmarke zu nennen. Zum 450. Todestag der Äbtissin erscheint 1982 darüber hinaus eine Festschrift unter dem Titel »Caritas Pirckheimer. Ordensfrau und Humanistin – ein Vorbild für die Ökumene«, verfasst von Georg Deichstetter. Ebenfalls aus Anlass ihres 450. Todestages findet, verantwortet durch die Katholische Stadtkirche Nürnberg, eine Ausstellung zu Caritas Pickheimer statt, die in einigen Räumen des Kemenatenbaues der Kaiserburg gezeigt und durch einen reich bebilderten Katalog dokumentiert wird.

NEUZEITLICHE VEREINNAHMUNGEN UND BEWERTUNGEN

Die Wiederentdeckung der »Denkwürdigkeiten« durch Constantin Höfler im 19. Jahrhundert und die sich daran anschließenden weiteren Editionen und Biografien rücken Caritas wieder ins Bewusstsein der Öffentlichkeit. Bewertungen ihrer Person bleiben dabei freilich nicht aus. Auf protestantischer Seite fallen diese zunächst sehr harsch aus: Als unbelehrbare Anhängerin einer verwerflichen Tradition wird sie gebrandmarkt – eine Sichtweise, die in neueren evangelischen Beitragen grundlegend revidiert und von einer wertschätzenden Würdigung abgelöst wird.

Zu Beginn des Nationalsozialismus und bis in die 1940er-Jahre versteigen sich einschlägige Autoren zu höchst abstrusen Charakterisierungen. In der Zeitschrift »Blätter für Schulpraxis und Erziehungs-Wissenschaft«, herausgegeben von der Gauverwaltung des Nationalsozialistischen Lehrerbundes,

Gau Franken, urteilt Johannes Meier im Jahr 1937 ganz im Sinne der nationalsozialistischen »Blut-und-Boden-Ideologie«: Durch das Fehlen hausfraulicher Tugenden und mütterlicher Veranlagung habe Caritas das Geschlecht der Pirckheimer einem Jungfräulichkeitswahn geopfert. In anderen Kreisen hingegen wird Caritas, ihre Persönlichkeit und ihre historische Funktion, romanhaft überhöht.

In wissenschaftlichen Publikationen findet sich jenseits dieser ideologischen Überzeichnungen bis heute eine auffallende Aufspaltung ihrer Person in eine gelehrte, humanistisch gebildete Ordensfrau in jungen Jahren, die dann im Alter zu einer Heldin des Glaubens geworden sei.

WIEDERENTDECKUNG FÜR DIE WISSENSCHAFT: CARITAS ALS THEOLOGIN?

Beides in eines zu sehen – ihre humanistische Prägung nicht nur als Element der frühen Jahre sondern als bleibendes Fundament für ihr späteres Eintreten für den Klosterstand zu begreifen –, wird in jüngsten Publikationen kirchenhistorischer Provenienz immer stärker eingefordert. Zunehmend wird Caritas auch als Theologin wahrgenommen, die nicht allein ihre christliche Frömmigkeit, sondern auch die Werte der Antike in ihre Lebenswirklichkeit einzubringen vermochte – nicht nur in jungen Jahren, sondern bis zu ihrem Tod. Ihr Postulat, jede einzelne Schwester müsse sich selbstständig mit den Inhalten des Glaubens auseinandersetzen, sowie ihre Forderung nach Gewissensfreiheit jedes einzelnen Menschen offenbaren ihren neuzeitlichen Geist. Glauben ist im Sinne der Nürnberger Äbtissin nicht einfach ein unbeirrtes Festhalten am Überkommenen, sondern eine intellektuelle Auseinandersetzung mit den Inhalten. Darin steht sie ganz klar in der humanistischen Linie der Wertschätzung von Bildung, Geistesfreiheit und individueller Entscheidungsfreiheit.

So traditionsgebunden ihre Grundüberzeugungen sein mögen, so unbeirrbar ihre Wertschätzung der kirchlichen *praxis pietatis* erscheint, so sehr bietet etwa ihr Bekenntnis zur alleinigen Mittlerschaft Jesu Christi ihren evangelischen Gesprächspartnern einen wesentlichen Anknüpfungspunkt: *»Ich ways wol und all mein swester, das zwischen got und dem menschen kein ander mitler ist dan der mensch Cristus, das man aber die lieben heiligen nit eren sol, wie sy zu eren sind, das acht ich auch nit recht, dan Augustinus, Jeronimus, Cyprianus und ander leren mich ein anders ...«* Entscheidend ist für Caritas auch hier das rechte Maß, die richtige Gewichtung: *»Wer mer von Francisco dann von Cristo helt, der verantwurt das, unrecht ist alweg unrecht!«*

Ähnlich differenziert äußert sich die Äbtissin auch zu einem weiteren Streitpunkt der damaligen Zeit: zur Frage nach den »guten Werken«. Jede Werkgerechtigkeit, jedes Vertrauen auf die Werke als Mittel zur Seligkeit, lehnt sie ab – ohne jedoch den Werken an sich ablehnend gegenüberzustehen. Auch hier stützt sich die Äbtissin explizit auf Aussagen des Neuen Testaments.

DAS CARITAS-PIRCKHEIMER-HAUS

Nach dem Tod der letzten Nürnberger Klarissin 1596 steht das Klosteranwesen eine Zeitlang leer. Das Anliegen der Nürnbergerin Magdalena Rockenbachin, in dem Gebäude eine Mädchenschule einzurichten, findet keine Unterstützung. Ab 1618 bis zur Säkularisation 1803 fungiert es schließlich als Pfandleihhaus der Stadt. Einen Nutzungsplan als »Irrenhaus« lässt man fallen. Erst 1854 wird die Klarakirche der nunmehr wieder katholischen Frauenkirche zugesprochen und ab 1857 als katholischer Gottesdienstraum genutzt.

Im Februar 1899 wird das Klostergebäude jedoch abgebrochen. Man führt die jetzige Luitpoldstraße durch das Grundstück. An dem neu entstandenen Eckhaus der Straße erinnert ein neogotisches Steinrelief an die berühmte Äbtissin.

Am 16. März 1945 wird die Kirche bei einem Bombenangriff auf die Stadt schwer getroffen – nur der Chor, die Sakristei und die seitlichen Mauern des Langhauses samt dem westlichen Dachreiter bleiben verschont. Ab 1948 beginnt man mit dem Wiederaufbau der Klarakirche.

Nach langwierigen archivalischen und baugeschichtlichen Vorarbeiten gelingt am 10. Oktober 1959 die Wiederentde-

Gedenkstein für Caritas Pirckheimer in der Königstraße 70/
Ecke Luitpoldstraße

ckung der Grabplatte der Caritas Pirckheimer rechts neben der Kapellentür. In einer Tiefe von 1,90 m findet man schließlich auch die Gebeine der Äbtissin.

1960 gründet der Jesuitenorden an der Stelle des ehemaligen Klosters ein Jugendhaus, eine Stätte der Bildung und Begegnung. Das »Caritas-Pirckheimer-Haus« (CPH) weiß sich seit seinen Anfängen der Jugendarbeit verpflichtet; seit den 70er-Jahren beherbergt es darüber hinaus eine Akademie für Erwachsenenbildung, getragen von der Bamberger Erzdiözese. Auch die katholische Hochschulgemeinde und die Missionsprokur der deutschen Jesuiten sind in den Räumen des CPH beheimatet. Seit 1996 ist die Klarakirche als »Offene Kirche« eine wichtige Anlaufstelle – für Kirchennahe ebenso wie für Kirchenferne. Verantwortet von Angehörigen des Jesuitenordens findet hier »City-Seelsorge« statt.

Kultur und Kunst, gelebte Spiritualität, soziales Engagement, ökumenische Offenheit, Bildung und Einkehr – all dies vereint sich an jenem Ort, der bleibend mit dem Namen der Caritas Pirckheimer verbunden ist: *»Dem eigenen Gewissen folgen, das der anderen respektieren und niemals den Dialog mit Andersdenkenden scheuen: Wir alle sollten uns ein klein wenig mehr der Lebensphilosophie Caritas Pirckheimers annehmen«*, lautet das Credo auf der Internetseite des CPH. In den alljährlich erscheinenden Jahrbüchern der Akademie für Erwachsenenbildung, die sich etwa den Themenbereichen Frieden, Gerechtigkeit, Bewahrung der Schöpfung, ethisches und politisches Engagement der Kirche oder Globalisierungsfragen widmen, zieht dieses Bestreben weit über Nürnberg hinaus Kreise – bis in alle Welt.

CARITAS' VERMÄCHTNIS

Bis heute regen die Gedanken und das Handeln der Caritas Pirckheimer zum Nachdenken an. Zwei Aspekte seien dabei hervorgehoben: zum einen ihr Ringen um einen vernunftgeleiteten, bei aller Leidenschaftlichkeit der eigenen Position sachlich geführten Dialog mit Andersdenkenden, der sie nach wie vor als eine Gewährsfigur des ökumenischen Gesprächs erscheinen lässt; zum anderen ihre Proklamation der prinzipiellen Gleichwertigkeit von Frauen und Männern, die sie mit der schöpfungsgegebenen Würde beider Geschlechter begründet.

Caritas' Verdienst ist es nicht zuletzt, weiblichen Intellekt im Rahmen ihrer Möglichkeiten gelebt zu haben. Dass die Klausur, das Abgeschlossensein von der Welt, diesem die damals größtmögliche Entfaltungsfreiheit verleiht, hat Caritas nüchtern und realistisch eingeschätzt.

Zeittafel

1467	*21. März:* Geburt als ältestes Kind des Dr. Hans Pirckheimer mit Barbara Pirckheimer, geb. Löffelholz, in Eichstätt; Taufname: Barbara
ab ca. 1474	Aufenthalt beim Großvater Hans Pirckheimer in Nürnberg; Unterricht durch Großtante Katharina
1479	*Pfingstwoche:* Aufnahme als Klosterschülerin im Konvent St. Klara in Nürnberg
um 1483/85	Profess als Ordensschwester des Klaraklosters in Nünberg; Amt der Novizenmeisterin und Lehrerin
1485	erstmalige Erwähnung des Ordensnamens Caritas
1488	Tod der Mutter
1490–1500	Mitarbeit an der Abschrift von Predigten der Franziskanermönche Heinrich Vigilis und Stephan Fridolin sowie bei der Erstellung einer Klosterchronik
1501	Tod des Vaters
1502	Briefkontakt mit Conrad Celtis; Widmung der Schriften der Roswitha von Gandersheim
1503	*20. Dezember:* Wahl zur Äbtissin des Klaraklosters; *kurz vor Weihnachten:* Verbot der Lateinischen Sprache durch ihre Vorgesetzten
1506	Christoph Scheurl widmet Caritas die Schrift »Die Früchte der Messe«
bis 1507	Brieffreundschaft mit Probst Sixtus Tucher († 1507)
1511	Widmung des Marienlebens durch Albrecht Dürer und Benedikt Chelidonius
ab 1514	Kaspar Nützel als weltlicher Verwalter des Klosters tätig
1522	*Juni:* Sendbrief an Hieronymus Emser
1525	*Frühjahr:* Verbot der Messfeier und der Beichte im Klarakloster; Anordnung einer neuen Ordensregel; *Juni:* gewaltsame Entführung dreier Nonnen aus dem Konvent; *Frühsommer–Herbst:* schriftlicher Unterricht durch Wenzeslaus Linck über

	Glaubensinhalte; *November:* Unterredung mit Philipp Melanchthon
1528	*Februar:* freiwilliger Austritt der Nonne Anna Schwarz aus dem Kloster
1529	25-jähriges Äbtissinnenjubiläum; Schutzschrift für das Klarakloster von Willibald Pirckheimer
1530	Tod des Bruders Willibald
1532	19. *August:* Tod der Caritas Pirckheimer

Bildnachweis

Bildarchiv Foto Marburg / Schnell & Steiner/ Roman von Götz: 10

Eckert, Willehad Paul/von Imhoff, Christoph: Willibald Pirckheimer. Dürers Freund im Spiegel seines Lebens, seiner Werke und seiner Umwelt. Köln 1982²: 14, 59, 61

Germanisches Nationalmuseum: 21 (Foto: Georg Janßen), 54 (Foto: Georg Janßen), 67 (Foto: Georg Janßen)

Germanisches Nationalmuseum, 90402 Nürnberg: 45 (Fam. Pirckheimer Caritas, Fasz. 12-0001a), 111 (Fam. Pirckheimer Caritas, Fasz. 12-0001b)

https://commons.wikimedia.org: 18, 42, 51, 57, 75, 82, 95, 107 (Kumbalam), 116 (CC BY 3.0 | Andreas Praefcke)

Kurras, Lotte/Machilek, Franz (Hg.): Caritas Pirckheimer 1467–1532. Eine Ausstellung der Katholischen Stadtkirche Nürnberg. Kaiserburg Nürnberg 26. Juni–8. August 1982. München 1982: 112

Staatliches Archiv, Nürnberg: 22 (Reichsstadt Nürnberg, Karten und Pläne 42), 34 (Reichsstadt Nürnberg, Kloster St. Klara Akten 1), 102 (Reichsstadt Nürnberg, Kloster St. Klara, Akten und Bände, Nr. 13 Prod. a)

Umschlagmotive: vorne: (bpk | The Metropolitan Museum of Art); hinten: Medaillon der Caritas Pirckheimer, 17. Jh. (Bildarchiv Foto Marburg / Schnell & Steiner/ Roman von Götz)

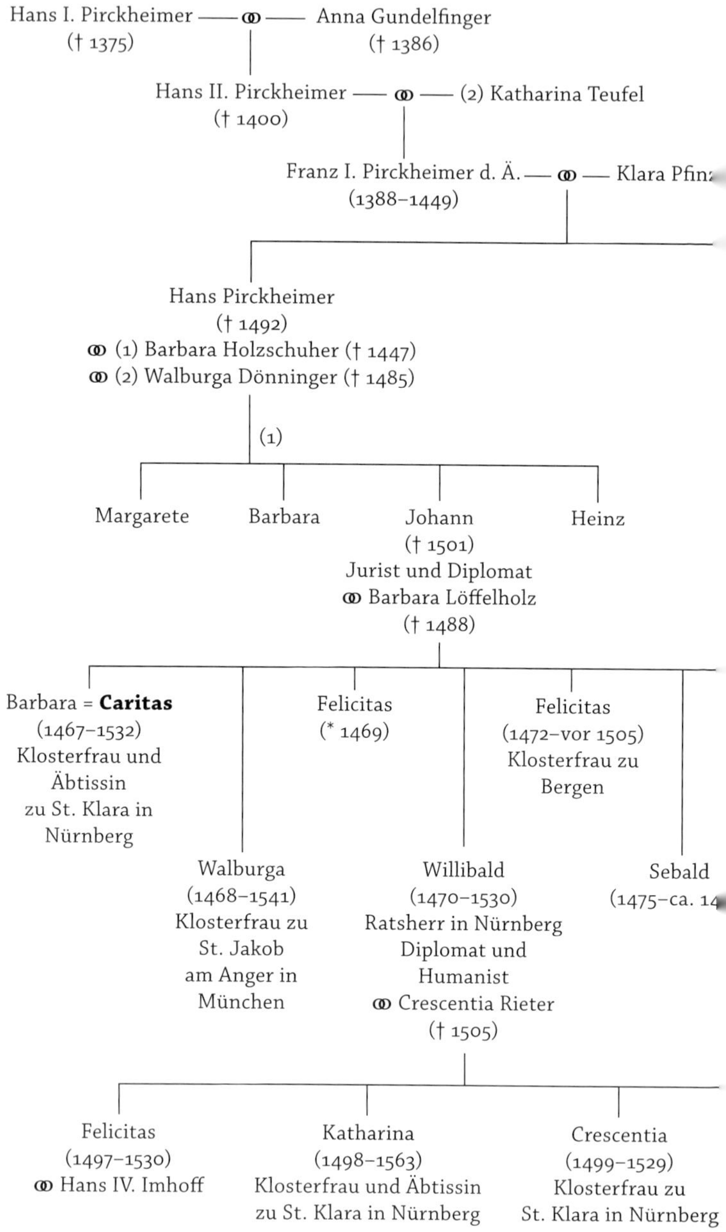
Hans I. Pirckheimer
(† 1375)
Anna Gundelfinger
(† 1386)
Hans II. Pirckheimer
(† 1400)
(2) Katharina Teufel
Franz I. Pirckheimer d. Ä.
(1388–1449)
Klara Pfin
Hans Pirckheimer
(† 1492)
ꝏ (1) Barbara Holzschuher († 1447)
ꝏ (2) Walburga Dönninger († 1485)
(1)
Margarete
Barbara
Johann
(† 1501)
Jurist und Diplomat
ꝏ Barbara Löffelholz
(† 1488)
Heinz
Barbara = **Caritas**
(1467–1532)
Klosterfrau und Äbtissin zu St. Klara in Nürnberg
Felicitas
(* 1469)
Felicitas
(1472–vor 1505)
Klosterfrau zu Bergen
Walburga
(1468–1541)
Klosterfrau zu St. Jakob am Anger in München
Willibald
(1470–1530)
Ratsherr in Nürnberg
Diplomat und Humanist
ꝏ Crescentia Rieter
(† 1505)
Sebald
(1475–ca. 14
Felicitas
(1497–1530)
ꝏ Hans IV. Imhoff
Katharina
(1498–1563)
Klosterfrau und Äbtissin zu St. Klara in Nürnberg
Crescentia
(1499–1529)
Klosterfrau zu St. Klara in Nürnberg

Katharina Pirckheimer
(† 1484)

Katharina
476–nach 1530)
losterfrau zu
Geisenfeld

Juliana
(1479–1549)
⚭ Martin Geuder

Klara
(1481–1533)
Klosterfrau und
Äbtissin
zu St. Klara in
Nürnberg

Sabina
(1482–1529)
Klosterfrau und
Äbtissin
zu Bergen

Eufemia
(1486–1547)
Klosterfrau und
Äbtissin
zu Bergen

Sohn
(jung gestorben)

Barbara
(1501–1560)
⚭ Hans Straub

Caritas
(1503–nach 1554)
Klosterfrau zu
Bergen

Sohn
(*/† 1504)

Literatur

QUELLENTEXTE (IN AUSWAHL)

Brett-Evans, David (Hg.), Diu regel der sanct Clara swestern orden. In: Euphorion. Zeitschrift für Literaturgeschichte, Vierte Folge, 54. Band, Heidelberg 1960.

Deichstetter, Georg (Hg.), Briefe der Äbtissin Caritas Pirckheimer des St. Klara-Klosters zu Nürnberg, übertragen von Benedicta Schrott, St. Ottilien 1984.

Pfanner, Josef (Hg.), Die »Denkwürdigkeiten« der Caritas Pirckheimer (aus den Jahren 1524–1528) [Caritas Pirckheimer-Quellensammlung, Zweites Heft], Landshut 1962.

Gebetbuch aus dem St. Klara-Kloster zu Nürnberg zur Zeit der Äbtissin Caritas Pirckheimer (1467–1532) nach der Erstveröffentlichung von Dr. Josef Pfanner, übertragen von Sr. Benedicta Schrott IBMV, hrsg. V, P. Georg Deichstetter SJ, Sankt Ottilien 1984.

Philadelphus, Noricus, Wie alle Closter und sonderlich Junckfrawen Closter in ain Christlichs wesen mochten durch gottes gnaden gebracht werden, Augsburg 1524.

Pirckheimer, Charitas, Eyn Missiue oder Sendbrieff, so die Ebtissin vo[n] Nürmberg, an den Hochberümbten Bock Empser geschribe[n] hat : fast künstlich und geystlich, auch gut nünnisch getichtet, Wittenberg 1523.

Pirckheimer, Willibald, Eckius dedolatus. Der enteckte Eck, Lateinisch / Deutsch, hrsg. von Niklas Holzberg, Stuttgart 1983.

Willibald Pirckheimers Briefwechsel, gesammelt, herausgegeben und erläutert von Emil Reicke (Band 1–5) und Helga Scheible (Band 6–7), München 1940–2009.

Pirckheimer, Willibald, Verteidigungsrede oder Selbstlob der Gicht (Apologia seu podagrae laus), aus dem Lateinischen übersetzt und mit Anmerkungen und einem Nachwort versehen von Wolfgang Kirsch, Berlin / Weimar 1988.

Literatur (Auswahl)

Barker, Paula S. Datsko, Caritas Pirckheimer: A Female Humanist Confronts the Reformation. In: The Sixteenth Century Journal 26 (1995).

Bennewitz, Nadja, »Meinten Sie vielleicht wir sollten einen Mann nehmen? Davor behüt uns Gott!« Frauen in der Nürnberger Reformationszeit, Nürnberg 1999.

Bryant, Gwendolyn, Caritas Pirckheimer: The Nuremberg Abbess. In: Wilson, Katharina M. (Hg), Women Writers of the Renaissance and Reformation, Athens / London 1987.

Deichstetter, Georg, Caritas Pirckheimer und Philipp Melanchthon. In: Ders. (Hg.), Caritas Pirckheimer. Ordensfrau und Humanistin – ein Vorbild für die Ökumene. Festschrift zum 450. Todestag, Köln 1982.

Ders., St. Klara Nürnberg, Regensburg 1997[3].

Eckert, Willehad Paul / Von Imhoff, Christoph, Willibald Pirckheimer. Dürers Freund im Spiegel seiner Werke und seiner Umwelt mit einem Beitrag über Caritas Pirckheimer – Ordensfrau und Humanistin von Adam Wiemand, Köln 1982².

Erasmus von Rotterdam, Opera Omnia Desiderii Erasmi, Vol. 1–3, Amsterdam 1972.

Fischer, Hubertus, Grammatik der Sterne und Ende der Welt. Die Sintflutprognose von 1524. In: Soeffner, Hans-Georg (Hg.), Kultur und Alltag, Göttingen 1988.

Freytag, Wiebke, Geistliches Leben und christliche Bildung. Hrotsvit und andere Autorinnen des frühen Mittelalters. In: Brinker-Gabler, Gisela (Hg.), Deutsche Literatur von Frauen. Vom Mittelalter bis zum Ende des 18. Jahrhunderts (Band 1), München 1988.

Grau, Engelbert, Die heilige Klara von Assisi. Leitbild der Caritas Pirckheimer. In: Deichstetter, Georg (Hg.), Caritas Pirckheimer. Ordensfrau und Humanistin – ein Vorbild für die Ökumene. Festschrift zum 450. Todestag, Köln 1982.

Greschat, Martin, Philipp Melanchthon – ein Intellektueller, Pädagoge und Christ. In: Friedrich, Reinhold / Vogel, Klaus A. (Hg), 500 Jahre Philipp Melanchthon (1497–1560) [Pirckheimer Jahrbuch für Renaissance- und Humanismusforschung Band 13], Wiesbaden 1998.

Grillmeyer, Siegfried (Hg.), Zeitenwende in einer katholischen Akademie. Zur Standortbestimmung des Caritas-Pirckheimer-Hauses in Nürnberg, Schwalbach 2007.

Hamm, Berndt / Welker, Michael, Die Reformation. Potentiale der Freiheit, Tübingen 2008.

Hamm, Berndt, Hieronymus-Begeisterung und Augustinismus vor der Reformation. Beobachtungen zur Beziehung zwischen Humanismus und Frömmigkeitstheologie (am Beispiel Nürnbergs). In: Hagen, Kenneth (Hg.), Augustine, the Harvest, and Theology (1300–1650): Essays dedicated to Heiko A. Oberman, Leiden 1990.

Ders., Lazarus Spengler (1479–1534): der Nürnberger Ratsschreiber im Spannungsfeld von Humanismus und Reformation, Politik und Glaube, Tübingen 2004.

Ders., Normative Zentrierung im 15. und 16. Jahrhundert. Beobachtungen zu Religiosität, Theologie und Ikonologie (überarbeitete Fassung). In: Suntrup, Rudolf / Veenstra, Jan R. (Hg.), Normative Zentrierung/Normative Centering, Frankfurt a.M. u. a. 2002.

Ders., Religiosität im späten Mittelalter: Spannungspole, Neuaufbrüche, Normierungen, Tübingen 2011.

Hegele, Irmintraut, Frauen zwischen mittelalterlicher und neuzeitlicher Selbstinterpretation: Charitas Pirckheimer. In: Ruhloff, Jörg (Hg.), Renaissance-Humanismus. Zugänge zur Bildungstheorie der frühen Neuzeit, Essen 1989.

Hess, Ursula, Lateinischer Dialog und gelehrte Partnerschaft. Frauen als humanistische Leitbilder in Deutschland (1500–1550). In: Brinker-Gabler,

Gisela (Hg.), Deutsche Literatur von Frauen. Vom Mittelalter bis zum Ende des 18. Jahrhunderts (Band 1), München 1988.
Dies., Oratrix humilis. Die Frau als Briefpartnerin von Humanisten. Am Beispiel der Caritas Pirckheimer. In: Worstbrock, Franz Josef (Hg.), Der Brief im Zeitalter der Renaissance, Weinheim 1983.
Hohkamp, Michaela / Jancke, Gabriele (Hg), Nonne, Königin und Kurtisane. Wissen, Bildung und Gelehrsamkeit von Frauen in der Frühen Neuzeit, Königstein 2004.
Honke, Gudrun, Caritas Pirckheimer (1476–1532). Ein Beitrag gegen die Heroisierung von Frauen. In: Pusch, Luise (Hg.), Schwestern berühmter Männer. Zwölf biographische Porträts, Frankfurt a. M. 1985.
Imhoff, Christoph von / Deichstetter, Georg S.J., Caritas Pirckheimer und die Reformation in Nürnberg. Nürnberg – erster Stadtstaat der Reformation / Caritas Pirckheimer und das Gespräch über die Reformation, Nürnberg 1982.
Jung, Martin H., Die Begegnung Philipp Melanchthons mit Caritas Pirckheimer im Nürnberger Klarissenkloster im November 1525. In: Jahrbuch für fränkische Landesforschung 56 (1996).
Ders., Nonnen, Prophetinnen, Kirchenmütter. Kirchen- und frömmigkeitsgeschichtliche Studien zu Frauen der Reformationszeit, Leipzig 2002.
Kammel, Frank Matthias, Verborgene Schönheit: Spätgotische Schätze aus der Klarakirche in Nürnberg, Nürnberg 2007.
Kist, Johannes, Das Klarissenkloster in Nürnberg bis zum Beginn des 16. Jahrhunderts, Nürnberg 1929.
Krabbel, Gerta, Caritas Pirckheimer. Ein Lebensbild aus der Zeit der Reformation, Münster 1982.
Kurras, Lotte / Machilek, Franz (Hg.), Caritas Pirckheimer 1467–1532. Eine Ausstellung der Katholischen Stadtkirche Nürnberg. Kaiserburg Nürnberg 26. Juni–8. August 1982, München 1982.
Lippe-Weißenfeld Hamer, Eva, Virgo docta, virgo sacra – Untersuchungen zum Briefwechsel Caritas Pirckheimers. In: Staub, Martial / Vogel, Klaus A. (Hg.). Wissen und Gesellschaft in Nürnberg um 1500 [Pirckheimer Jahrbuch für Renaissance- und Humanismusforschung, Band 14], Wiesbaden 1999.
v. Loewenich, Walther, Charitas Pirckheimer. In: Jahrbuch für fränkische Landesforschung 31 (1971).
Ders., Ein Lebensbericht aus evangelischer Sicht. In: Deichstetter, Georg (Hg.), Caritas Pirckheimer. Ordensfrau und Humanistin – ein Vorbild für die Ökumene. Festschrift zum 450. Todestag, Köln 1982.
Scheible, Helga, Willibald Pirckheimers Persönlichkeit im Spiegel seines Briefwechsels am Beispiel seines Verhältnisses zum Klosterwesen. In: Fuchs, Franz (Hg.), Die Pirckheimer. Humanismus in einer Nürnberger Patrizierfamilie [Pirckheimer Jahrbuch für Renaissance- und Humanismusforschung Band 21], Wiesbaden 2006.
Schiener, Anna, Albrecht Dürer. Genie zwischen Mittelalter und Neuzeit, Regensburg 2011.

Schlemmer, Karl, Gottesdienst und Frömmigkeit in der Reichsstadt Nürnberg am Vorabend der Reformation, Würzburg 1980.

Schlotheuber, Eva, Caritas Pirckheimer und Melanchthons Verteidigung der Nürnberger Klosterfrauen. In: Reformation und Toleranz. Vom Umgang mit Außenseitern und Andersdenkenden, Wittenberger Sonntagsvorlesungen, 2013.

Dies., Humanistisches Wissen und geistliches Leben. Caritas Pirckheimer und die Geschichtsschreibung im Nürnberger Klarissenkonvent. In: Fuchs, Franz (Hg.), Die Pirckheimer. Humanismus in einer Nürnberger Patrizierfamilie [Pirckheimer Jahrbuch für Renaissance- und Humanismusforschung Band 21], Wiesbaden 2006.

Dies., Willibald und die Klosterfrauen von Sankt Klara – eine wechselhafte Beziehung, in Fuchs, Franz (Hg.), Willibald Pirckheimer und sein Umfeld [Pirckheimer Jahrbuch für Renaissance – und Humanismusforschung, Band 28], Wiesbaden 2014.

Seegets, Petra, Passionstheologie und Passionsfrömmigkeit im ausgehenden Mittelalter. Der Nürnberger Franziskaner Stephan Fridolin († 1498) zwischen Kloster und Stadt, Tübingen 1998.

Spitz, Lewis W., Caritas Pirckheimer – die frommen Nürnberger und die Äbtissin von St. Klara: Nürnberg als religiöse Stadt in der Lebenszeit der Caritas Pirckheimer: 1467–1532, Würzburg 1982.

Ders., The Religious Renaissance of the German Humanists, Cambridge / Massachusetts 1963.

Steinke, Barbara, Paradiesgarten oder Gefängnis? Das Nürnberger Katharinenkloster zwischen Klosterreform und Reformation, Tübingen 2006.

Strasser, Ulrike, Brides of Christ, Daughters of Men: Nuremberg Poor Clares in Defense of Their Identity (1524–1529). In: Magistra 1,2 (Winter 1995).

Wailes, Stephen L., The Literary Relationship of Conrad Celtis and Caritas Pirckheimer. In: Daphnis. Zeitschrift für Mittlere Deutsche Literatur, Band 17, 1988.

Woodford, Charlotte, Nuns as Historians in Early Modern Germany, Oxford 2005.

Bibliografische Information der Deutschen Nationalbibliothek
Die Deutsche Nationalbibliothek verzeichnet diese Publikation in der Deutschen Nationalbibliografie; detaillierte bibliografische Daten sind im Internet über http://dnb.dnb.de abrufbar.

ISBN 978-3-7917-2751-6

Reihen-/Umschlaggestaltung und Layout: Martin Veicht, Regensburg
Satz: Vollnhals Fotosatz, Neustadt a. d. Donau
Druck und Bindung: Friedrich Pustet, Regensburg
Printed in Germany 2016

Diese Publikation ist auch als eBook erhältlich:
eISBN 978-3-7917-6077-3 (epub)

Weitere Publikationen aus unserem Programm
finden Sie auf www.verlag-pustet.de
Informationen und Bestellungen unter verlag@pustet.de